Emanuel Geibel

Emanuel Geibels Briefe an Karl Freiherrn von der Malsburg

Emanuel Geibel

Emanuel Geibels Briefe an Karl Freiherrn von der Malsburg

ISBN/EAN: 9783743487772

Hergestellt in Europa, USA, Kanada, Australien, Japan

Cover: Foto ©ninafisch / pixelio.de

Weitere Bücher finden Sie auf **www.hansebooks.com**

Emanuel Geibel's Briefe

an

Karl Freiherrn von der Malsburg

und

Mitglieder seiner Familie.

Herausgegeben

von

Albert Duncker.

Der Ertrag ist für den Fonds zur Errichtung des National-Denkmals für Emanuel Geibel in Lübeck bestimmt.

Berlin.
Verlag von Gebrüder Paetel.
1885.

Alle Rechte vorbehalten.

Herrn Dr. jur. Hans Freiherrn von der Malsburg

auf Escheberg,

Königlich Preußischem Kammerherrn
und Vice-Marschall der althessischen Ritterschaft

in Hochachtung und Dankbarkeit

gewidmet

vom

Herausgeber.

Vorwort.

Wenigen Männern ist die Liebe und Verehrung des deutschen Volkes schon zu ihren Lebzeiten in so hohem Grade zu Theil geworden, wie Emanuel Geibel. Aber auch nur wenige waren dieses höchsten Glückes eines Patrioten so würdig wie er. Mit Recht sagt der Aufruf an die Nation, der zur Errichtung seines Denkmals in Lübeck auffordert: „Abhold jeder vergänglichen Richtung des Tages, einzig dem Idealen zugewandt, ist Geibel seinem Volke ein Pfleger und Hüter des Wahren und Schönen gewesen. Unsere Sprache mit überströmendem Wohllaut verklärend, hat er aus der Fülle seines Herzens und aus der Tiefe seines Geistes sein Volk mit einem Schatze unvergänglicher Poesie beschenkt."

Wie jeder wahre Dichter will Geibel vor allen Dingen aus seinen poetischen Schöpfungen erkannt sein. Sagt er doch:

Du willst in meiner Seele lesen,
Und still mein bestes Theil empfah'n,
So schau' mein unvergänglich Wesen
Im Spiegel meiner Lieder an.

Aber wer zugleich Geibel dem Menschen und seinem von manchen Stürmen erschütterten Lebensgange liebevolle Theilnahme zuwendet, geht hoffentlich auch nicht vorüber an anderen Spuren seines Erdenwallens, durch die wir weiteren Einblick in ein edles, der höchsten Empfindungen fähiges Herz erhalten. Zu diesen Erinnerungen gehören die Briefe an Karl von der Malsburg und die Seinen. Sie erscheinen hier in besonderer Ausgabe, nachdem sie in der „Deutschen Rundschau" (Juli= und Augustheft 1885) zuerst dem Leserkreise jener Zeitschrift bekannt geworden sind.

In dem zur Erklärung dienenden Texte ist gesagt, auf welche Weise ich von den Briefen und den näheren Umständen, unter denen sie der Dichter schrieb, Kenntniß empfing und wer die Erlaubniß zu ihrer Veröffentlichung gütigst gewährte. Hier füge ich noch hinzu, daß die Briefe mir ursprünglich zu einem am 27. Januar 1885 in Kassel zum Besten des Geibel=Denkmals gehaltenen Vortrage anvertraut waren.

Auch darf ich an dieser Stelle nicht unterlassen, mit herzlichem Danke der freundlichen Zuvorkommen=

heit Erwähnung zu thun, womit Herausgeber und Verleger der „Deutschen Rundschau", Herr Dr. Julius Rodenberg und Herr Verlagsbuchhändler Elwin Paetel, meinen Wunsch einer Separatausgabe erfüllten, deren Ertrag demselben Zwecke zu gute kommen soll.

Es läßt sich nicht verkennen, daß die aus den Jahren 1842—1868 herrührenden Briefe in zwei Abschnitte zerfallen. Ihre Grenze liegt etwa im Jahre 1844. Zeigt uns der erste Abschnitt nach des Dichters eigenen Worten ihn noch in „der Zeit des Mai's, der Blüthen, der Träume, der ersten süßen Neigung", so läßt ihn der zweite als den gereiften Mann auf der Höhe seines Schaffens und als den Patrioten erkennen, der in den trübsten Tagen an der Zukunft des heißgeliebten Vaterlandes niemals verzweifelte. Am 11. Mai 1848 schreibt er an seine treubewährte Freundin Henriette von der Malsburg: „Was hinten liegt, was hier wie dort gefehlt wurde, möge vergessen sein — vom Volke wie von den Fürsten. Es gibt nur eine Sühne für das Geschehene, und die ist, auf den neuen Grundlagen deutscher Freiheit und Volksthümlichkeit mit jungen Kräften einen glorreichen Bau zu begründen."

Nach Jahrzehnten vergeblicher Erwartungen und bitterer Enttäuschungen sah Emanuel Geibel noch diesen „glorreichen Bau" erstehen. Im neuen deutschen Reiche fand er seine Hoffnungen auf die Macht und Größe des Vaterlandes verwirklicht,

> Eins nach außen, schwertgewaltig
> Um ein hoch Panier geschaart,
> Innen reich und vielgestaltig,
> Jeder Stamm nach seiner Art.

Noch konnte er sich mit ganzer Seele der Erfüllung seiner Jugendträume freuen. Dann trug man auch ihn zur letzten Ruhe in der alten Hansastadt, wo einst seine Wiege gestanden, wo er einen großen Theil seiner Lebenstage zugebracht hatte und in deren Mauern sich bald das eherne Standbild des vielgeliebten Sängers erheben soll. Emanuel Geibel's Gedächtniß wird nimmermehr vergehen, so lange deutsche Herzen schlagen, die sich auf den Schwingen der Dichtung aus den Schranken der gemeinen Wirklichkeit in das Reich des Idealen emportragen lassen.

Kassel, 2. September 1885.

Albert Duncker.

> Was schreiben, theurer Schatte,
> Wir auf dein Mal von Erz?
> „Seht an den Mann, er hatte
> Für unser Volk ein Herz."..
>
> Simrock.

Im Frühlinge des Jahres 1840 war Emanuel Geibel nach zweijährigem Aufenthalte in Griechenland nach seiner Vaterstadt Lübeck zurückgekehrt. Einige Monate später erschien bei Alexander Duncker in Berlin die erste Ausgabe seiner Gedichte, während er bisher nur einzelne Lieder in Chamisso's und Schwab's Musenalmanach und in anderen Sammelwerken veröffentlicht hatte. Den Verlust einer früher in Verlag gegebenen Sammlung, die 1838 im Manuscript sammt den bereits fertig gedruckten Bogen beim Brande der Hänel'schen Officin in Magdeburg ein Raub der Flammen geworden war, hatte der junge Poet im Vertrauen auf seine Schaffenskraft mit den gleichmüthigen Worten entgegen genommen: „Ein Bändchen lyrischer Verse mehr oder weniger, das bedeutet jetzt gar nichts."

Welche nachhaltigen Eindrücke die auf hellenischem Boden verlebten Jahre in Geibel's Seele zurückgelassen hatten, ist an seinen Liedern bis in sein Greisenalter hinein zu erkennen. Zu den ersten Früchten jener unter dem ewig blauen Himmel des Südens verbrachten Tage gehörten die in Gemeinschaft mit seinem Jugendfreunde Ernst Curtius nach der Heimkehr herausgegebenen „Classischen Studien", metrische Uebersetzungen aus altgriechischen Dichtern, die 1840 zu Bonn bei Eduard Weber erschienen. Die Distichen der Widmung, am 11. Oct. 1839 in Athen von Geibel verfaßt, galten der Königin Amalie von Griechenland.

Die erste wiederum in Lübeck verbrachte Zeit erfüllte nicht die Erwartungen des jugendlichen Dichters. So glänzend wenige Jahre nachher der Erfolg seiner Lieder war, so langsam brach sich nach dem Erscheinen der ersten Sammlung ihre Anerkennung Bahn; um so langsamer, als es Geibel verschmähte, für sie die Gunst der tonangebenden Kritiker bemüthig zu erbitten. Das Gefühl, welches ihn im elterlichen Hause beschlich, daß er noch keine gesicherte Stellung in der Welt gefunden habe und genöthigt sei, den praktischen Beruf des Schulmannes weiter zu verfolgen, dem er schon in Athen als Erzieher der Kinder des russischen Gesandten Katakazi obgelegen hatte, kämpfte in ihm mit dem Bewußtsein, daß er zum Dichter geboren sei, aber nur dann etwas Bedeutendes leisten werde, wenn sich seine Individualität frei und ungehemmt entfalten könne. Die Rücksicht auf seine schon betagten Eltern mochte auch nicht ohne Einfluß auf seine ernste Stimmung sein. Dazu kam noch, daß um dieselbe Zeit seine Jugendliebe zu einem schönen Mädchen aus angesehener Lübecker Familie ihr jähes Ende fand[1]). Von jenem Abschnitte seines Lebens sagte Geibel selbst nicht lange nachher in der an Ernst Curtius gerichteten Octave "Auf dem Anstand", anknüpfend an die gemeinsamen Erinnerungen aus Griechenland und ihre dort gemeinsam empfundene Sehnsucht nach der Vaterstadt:

"Ein Luftschloß baut' ich für mein Zukunftleben;
So golden war's. Die Brust schlug heimathwärts —
Ach, wenig hat die Heimath nun gegeben,
Ein Liederbuch und ein verwundet Herz."

---

[1]) S. darüber W. Deecke, "Aus meinen Erinnerungen an Emanuel Geibel". Weimar. 1885. S. 25 ff.

Trüb ging dem fünfundzwanzigjährigen Dichter der Winter in Lübeck dahin. Noch ehe er den entscheidenden Entschluß über den künftigen Lebensweg gefaßt hatte, traf ihn ein neuer Schlag durch den Tod seiner geliebten Mutter, die in ihrem dreiundsechzigsten Jahre am 7. April 1841 nach kurzem Krankenlager starb. An ihr, die nimmermehr in dem Glauben an den dichterischen Genius ihres Sohnes wankend geworden, verlor er die feste Stütze, deren sein nach Ruhe und Trost verlangendes Herz bedürftig war. Dem hochgebildeten vortrefflichen Vater Emanuel's, der selbst durch den Verlust seiner treuen Lebensgefährtin tief gebeugt war, entging der Seelenzustand des Sohnes nicht. Auch er dachte von dem Talente, das sich schon in den ersten poetischen Producten desselben offenbart hatte, viel zu hoch, als daß er ihn gerade jetzt auf einen Weg gedrängt hätte, den Emanuel ohne Neigung zu betreten schien. Von der Zeit, die jeden Schmerz lindert, hoffte er Heilung der doppelten, dem Sohne geschlagenen Wunde. Einem bewährten Freunde klagte er brieflich sein Leid über den Kummer, der das Gemüth Emanuel's ergriffen hatte und zu verdüstern drohte.

Dieser Freund war der Freiherr Karl von der Malsburg auf Schloß Escheberg in Hessen, das etwa drei Meilen nordwestlich Kassels, eine Stunde südlich der Malsburg, der heute in Trümmern liegenden Stammburg des gleichnamigen Adelsgeschlechts, gelegen ist. Herr von der Malsburg war durch seine Vermählung mit einem Fräulein von Heintze, deren Eltern das eine Stunde von Lübeck gelegene Gut Nienborf besaßen, in Beziehungen zu Holstein und zu Lübeck gekommen, hatte während des Aufenthalts bei seinen Verwandten in Nienborf auch öfters die nahegelegene alte Hansestadt betreten und war dort mit einigen hessischen Landsleuten bekannt geworden, die eine geachtete Stellung in Lübeck einnahmen. Zweifellos der geistig bedeutendste darunter war der Pastor der reformirten Gemeinde Johannes Geibel, der Vater des Dichters. Malsburg lernte ihn als einen Geistlichen von ausgezeichneter Wirksamkeit und vorzüglichen Kanzelredner schätzen. Johannes Geibel war am 1. April 1776 zu Hanau geboren,[1] schon als junger Candidat zu einer

---

[1] Sein Vater war Joh. Friedr. Geibel, seine Mutter Jo-

Hauslehrerstelle in Kopenhagen und von dort 1797 als Prediger nach Lübeck gekommen, wo er fünfzig Jahre hindurch eine segensreiche amtliche Thätigkeit aus= übte. Von Zeit zu Zeit hatte er auf Ferienreisen sein hessisches Geburtsland aufgesucht. Auf diesen Reisen war er schon 1828 und später noch wieder= holt der Gast des Freiherrn in Escheberg gewesen. Bereits in dem genannten Jahre begegnet man seinem Namen im Escheberger Fremdenbuche, in das dreizehn Jahre später Emanuel Geibel auch den seinigen einschrieb. In der unmittelbar an das Schloß stoßenden Kapelle, deren Eingang das Mals= burgische Wappen schmückt, der springende rothe Löwe im goldenen Felde mit drei silbernen Rosen im blauen Felde, hatte Pastor Geibel geprediget. Es war ihm bei seinen Besuchen bekannt geworden, daß Escheberg literarische Schätze, besonders an Werken spanischer und italienischer Dichter, in einer von dem älteren Bruder des Freiherrn gesammelten Bi= bliothek besaß. Dieser ältere Bruder, Ernst Otto von der Malsburg, der Schul= und Universitäts=

---

hanna Katharina geb. Ermentraut. Das Geburtshaus des Vaters des Dichters in Hanau ist große Dechaneigasse Nr. 25.

freund der Brüder Grimm[1]), hatte sich als Uebersetzer des Calderon und einiger Dramen des Lope de Vega verdient gemacht. Auch veröffentlichte er eigene Gedichte, die stark den Einfluß der jüngeren romantischen Schule verrathen. 1824 war er, erst 38 Jahre alt, gestorben. Sein um vier Jahre jüngerer Bruder Karl, 1790 geboren, war schon sehr früh in hessische Kriegsdienste getreten und hatte dann nach Errichtung des Königreichs Westphalen im Heere desselben eine rasche und glänzende Carrière als Cavallerieofficier gemacht, die ihm schon mit 24 Jahren den Grad eines Chef d'Escadron erwarb, einen Rang, der bei uns etwa dem eines Oberstlieutenants entspricht. Er hatte an den Feldzügen in Spanien und Rußland theilgenommen und für die darin bewiesene Tapferkeit mehrfache Ordensauszeichnungen, darunter auch das Ritterkreuz der Ehrenlegion, empfangen. Nach der Wiederherstellung des Kurfürstenthums, bei der jeder vormals hessische Officier sich gefallen lassen mußte, mit der Charge, die er 1806 bekleidet

---

[1]) Vgl. mein Buch „Die Brüder Grimm". Kassel 1884. S. 12 f. und 23.

hatte, wieder in die neugebildete kurfürstliche Armee eingereiht zu werden, verzichtete er auf erneuten Dienst in derselben und lebte auf seinen Gütern, deren Hebung er sich eifrigst angelegen sein ließ. Doch blieb er dem geselligen Leben Kassels, wo er im Winter oft verweilte, keineswegs fremd, und stand auch zum Hofe durch die ihm vom Kurfürsten Wilhelm II. verliehene Kammerherrnwürde in Beziehungen. Heiteren lebhaften Geistes, mit offenem Blick für alles Schöne und Edle begabt, ein warmer, allezeit liebevoller Freund junger aufstrebender Talente in Literatur, Kunst und Wissenschaft, so erscheint Karl von der Malsburg als der würdige Sproße seines alten Geschlechts, das seit Jahrhunderten dem Hessenlande viele tüchtige Männer gab.

Auch dem Hause des Freiherrn war das Leid nicht fern geblieben. Nach mancherlei Schicksalen, die ihn und seine Familie schon früh betroffen hatten, mußte er den Schmerz erleben, seine zweite Gattin, die ihm fünf Kinder, drei Söhne und zwei Töchter, geschenkt hatte, dahinscheiden zu sehen, ehe die Kinder noch den Knaben- und Mädchenjahren entwachsen waren. An seiner Schwiegermutter Henriette von

Heintze, einer geborenen von Blome aus Holstein, fand er eine treue Stütze in der Erziehung seiner mutterlosen Kinder. Die alte Dame, welche in ihrer Jugend durch verwandtschaftliche Beziehungen zu Kreisen Weimars der geistigen Atmosphäre nahe getreten war, in der Goethe und Schiller glänzten, übte durch ihre hohe Bildung auf das Leben in dem hessischen Edelsitze einen unverkennbaren Einfluß aus. Gemeinschaftlich mit der älteren Tochter des Freiherrn, Henriette, die 1841 im vierzehnten Lebensjahre stand, wurde eine gleichalterige Verwandte, Adelheid von Baumbach, im Malsburgischen Hause erzogen; die Brüder waren alle drei jünger als Henriette. So war der Familienkreis beschaffen, in den Emanuel Geibel, ihm selbst ganz unerwartet, eintrat.

Karl von der Malsburg hatte auf den Brief des alten Lübecker Freundes, worin der Sorgen gedacht war, die ihn wegen der Zukunft seines Sohnes erfüllten, mit einer Einladung Emanuel's nach Escheberg geantwortet. Der Dichter hatte sich seit seiner Heimkehr aus dem Süden eingehend mit spanischer Literatur beschäftigt. Da boten die Bücherschätze der Escheberger Bibliothek dem jungen Gelehrten vortreffliche Gelegenheit, seine Kenntnisse zu bereichern. Ihre Neuordnung von kundiger Hand, die der Freiherr erbat, mußte dem Freunde dieser älteren Literatur eine hocherwünschte Abwechselung in dem einfachen Leben auf dem waldumgebenen Schlosse gewähren. Dankbar nahm Pastor Geibel das gütige Anerbieten an, noch dankbarer Emanuel, dem eine innere Stimme verkündete, daß die in Escheberg verlebten Tage für seine dichterische Entwicklung von hoher Bedeutung werden sollten. In seinem von Natur frohen und leicht beweglichen Herzen machten die traurigen Empfindungen jetzt einer hoffnungsvollen, bald sogar freudigen Stimmung Platz. Damals dichtete er das schöne Wanderlied:

„Der Mai ist gekommen, die Bäume schlagen aus,
Da bleibe, wer Lust hat, mit Sorgen zu Haus;
Wie die Wolken wandern am himmlischen Zelt,
So steht auch mir der Sinn in die weite, weite Welt."

Das Lied, welches in wunderbarer Weise den Volkston traf, ist ein Gemeingut unserer Nation geworden, wie nur wenige Erzeugnisse der neueren Lyrik. Späterhin hat Geibel zwar mit poetischer Freiheit die Entstehung desselben in seine Bonner Universitätszeit verlegt. In dem Gedichte

„Ich fuhr von St. Goar
Den grünen Rhein zu Berge"[1])

läßt er Studenten mit frohem Gesang auf dem Strome an seinem Kahne vorüberfahren. Er lauscht den Tönen, da hört er sein eigenes Lied, das er einst vom Wandern sang:

„Ich sang's vor manchem Jahr,
Berauscht vom Maienscheine,
Da ich gleich jenen war
Student zu Bonn am Rheine."

Wir dürfen aber der Versicherung Karl Goedeke's, des Freundes und Biographen des Dichters, trauen, der mit Bestimmtheit erklärt, daß das Wanderlied auf dem Wege von Lübeck nach dem benachbarten Landhause Krempelsdorf, dem Wohnsitze der Geibel nahbefreundeten Familie Nölting, gedichtet worden sei, als die Hoffnung auf die Reise nach Escheberg die Brust Emanuel's schwellte. Das Lied erschien, und zwar ganz in der Gestalt, worin es nachher in die Sammlungen seiner Gedichte Aufnahme fand, so viel ich in Erfahrung bringen konnte, zuerst im zweiten Jahrgange des von Franz Dingel-

---

[1]) Gesammtausgabe III, 76.

stebt begründeten und nachher von Friedrich Oetker redigirten „Salons" in Kassel am 4. Mai 1842.

Die Stelle, welche Geibel ihm nachmals in den 42 „Liedern als Intermezzo" anwies, die er zwischen dem ersten und dem zweiten Buche der „Jugendgedichte" einschaltete, ist sehr belehrend für die Sinnesänderung, welche sich nach der Einladung Malsburg's in ihm vollzog. Diese 42 Lieder sind überhaupt als ein dichterisches Selbstbekenntniß anzusehen, das Herzensgeheimnisse des Dichters aus der Zeit nach seiner Rückkehr aus Griechenland und während der in Escheberg verbrachten Tage enthält. Das 40. Lied

„Es rauscht das rothe Laub zu meinen Füßen,
Doch wenn es wieder grünt, wo weil' ich dann?"

führte ursprünglich den Titel „Herbst in Escheberg". Aber auch an vielen anderen Stellen seiner Poesien sind die Gefühle, welche damals seine Seele bewegten, zu erkennen. Wie viel Dichtung, wie viel Erlebtes dabei zu Grunde liegt, kann und wird kein sterblicher Mund mehr entscheiden.

Nach Pfingsten 1841 traf Doctor Emanuel Geibel auf dem Malsburgischen Schlosse ein. Er fand die liebevollste Aufnahme. Der Freiherr wurde ihm ein väterlicher Freund; bald fühlte er sich wohl und heimisch in dem traulichen Familienkreise. Der Inhalt der Bibliothek zeigte sich als besonders werthvoll für seine Studien altspanischer Romanzen, und die herrlichen Wälder und Berge, die das Schloß umgeben, boten ihm der poetischen Eindrücke so viele, daß der Dichter in ihm so mächtig ward, wie nur je zuvor, und eine Anzahl seiner schönsten Schöpfungen entstanden. Mit inniger Dankbarkeit gedenkt er noch in späteren Jahren des Umschwungs, der damals mit ihm vorging. In der Elegie „Die Lachs=wehr", die er nach einem an der Trave bei Lübeck gelegenen Garten, einem Schauplatze seiner Jugenderinnerungen, benannte, sagt er 1857 von jenen Tagen:

„Bestürmt von Zweifeln rang ich damals, o wie oft,
Umsonst nach Klarheit in mir selbst! Verfehlt erschien
Mir all mein Streben, Täuschung selbst der Muse Ruf,
Der immer wieder lockend an mein Herz erging:
Und wenn ich dann, von hast'ger Arbeit tief erschöpft,
Hier Stille suchte, fand ich heiße Thränen nur,
Wie sie auf öber Klippe weint, wer scheiterte.
Doch Rettung sandte mir ein Gott. Du riefest mich,
Mein wackrer Malsburg — Segen deiner Gruft dafür! —
Gastfreundlich in dein waldumrauschtes Escheberg,

Und dort auf sonn'gen Höh'n mich lüftend, losgelöst
Vom kleinen Druck des Lebens, lernt' ich mächt'ger bald
Die Flügel rühren und der eigenen Kraft vertraun."

Es liegt nicht in meiner Absicht, eine Schilderung der von Geibel in Escheberg verlebten Monde und eine Würdigung der poetischen Erzeugnisse, die sie reiften, hier zu geben, um so weniger als Karl Goedeke in seiner 1869 zu Stuttgart erschienenen, bis 1852 reichenden Biographie des Dichters, die hoffentlich bald einen abschließenden Theil erhält, dieser Zeit schon ausführlich gedacht hat. Zu Escheberg schuf Geibel zwölf Gedichte, welche er als „Zeitstimmen" bezeichnete. Eine Einleitung in klangvollen jambischen Octonaren geht ihnen voraus, worin der Dichter, der seither nur von „Lust und Liebe" sang, seinen Entschluß bekundet, theilzunehmen an den Kämpfen der Gegenwart. Nach mehreren Einzelauflagen stellte er die „Zeitstimmen" später unter Vornahme einiger Veränderungen in der achtbändigen Gesammtausgabe seiner Werke hinter das vierte Buch der „Jugendgedichte", das er „Escheberg. St. Goar. 1842—1843" überschrieb. Seine 1843 in Berlin erschienenen „Uebersetzungen spanischer

Volkslieder und Romanzen" sind gleichfalls als eine Frucht des Aufenthalts in Escheberg anzusehen. Dort entstand ferner sein erstes Drama „König Roderich". Die sechs ersten Scenen des dritten Aufzugs, welche die Landung Tarik's an der spanischen Küste schildern, wurden vom Dichter schon im Februar 1842 im Kasseler „Salon" veröffentlicht, während das ganze Trauerspiel erst 1844 bei Cotta in Stuttgart erschien. Bekanntlich sah Geibel das Stück später als verfehlt an und nahm es deshalb nicht in die Gesammtausgabe seiner Werke auf. Am „Salon", der aus Adolf Ebert's Feder eine sehr anerkennende Besprechung der „Zeitstimmen" brachte und damals einen Sammelpunkt junger Poeten, wie Dingelstedt, Ernst Koch, S. Mosenthal und Anderer, bildete, betheiligte sich unser Dichter auch durch mehrere sonstige Beiträge. Seines im Mai 1842 darin erschienenen „Wanderliedes" wurde schon oben gedacht. Im October 1841 veröffentlichte er dort die Uebersetzungen zweier neugriechischen Volkslieder, später von ihm „Hirsch und Reh" und „Die Küsse" benannt, im December zwei als „Nacht= lieder" bezeichnete Gedichte, die er nachmals unter

die „Lieder als Intermezzo" aufnahm. Das zweite
„Mein Herz ist wie die dunkle Nacht" blieb fast
unverändert, während das erste „Nun ist der Tag
versunken" in der Form „Nun ist der Tag ge=
schieden" wesentliche Verbesserungen erfuhr. Das
Lied „Vorüber", beginnend mit dem Verse „O darum
ist der Lenz so schön", das er später seinen in Lübeck
und Bonn von 1834 bis 1835 verfaßten Jugend=
gedichten einreihte, ist gleichfalls im „Salon", im
Januar 1842, veröffentlicht. „Die Johannisnacht,
eine serbische Geschichte" war ein kleiner Beitrag in
Prosa, den jenes belletristische Blatt im März des=
selben Jahres von ihm brachte. Auch das bekannte
Gedicht „An Georg Herwegh", gegen dessen „Lieder
eines Lebendigen" gerichtet, das 1843 in der zweiten
Auflage der „Zeitstimmen" seinen Platz unter diesen
erhielt, dichtete er im Februar 1842 auf dem hessischen
Schlosse. Es ist bekannt, wie wenig würdig Her=
wegh darauf mit dem gegen Freiligrath und Geibel
geschleuderten „Duett der Pensionirten" antwortete.

Die „Zeitstimmen", 1841 bei Friedrich Aschen=
feldt in Lübeck verlegt, waren als Zeichen dankbarer
Anhänglichkeit dem Freiherrn von der Malsburg

gewidmet. Letzterer gab sich auch, wiewohl vergeblich,
Mühe, eine Aufführung des „König Roderich" auf
dem Kasseler Hoftheater durchzusetzen. Wir werden
nachher aus Emanuel Geibel's eigenen Worten er=
sehen, daß diese Versuche, an anderen Orten und
vom Dichter selbst unternommen, von keinem besseren
Erfolge begleitet waren. „König Roderich" ist nur
einmal, im October 1846 zu Weimar, und zwar
klanglos, über die Bretter gegangen.

Auch zu mancherlei Gelegenheitsgedichten boten
die in Escheberg und seiner Umgebung verlebten Mo=
nate Anlaß. Ich verdanke die Kenntniß mehrerer der=
selben, die bisher noch nicht veröffentlicht worden sind,
der gütigen Vermittlung des Freiherrn Hans von
der Malsburg, des jetzigen Besitzers des Schlosses.

Zum 31. August 1841 waren Mitglieder der
Malsburg'schen Familie und mit ihnen ihr junger
Lübecker Gast in das Pfarrhaus des nahegelegenen
Dorfes Ober=Elsungen zum Geburtstag der Frau
Pfarrer Zülch[1]) eingeladen. Es erregte großen Jubel,

---

[1]) Frau Pfarrer Zülch, am 31. August d. J. 77 Jahre
alt geworden, lebt jetzt zu Felsberg in Hessen.

als Doctor Geibel an der Festtafel das nachstehende Gedicht zu Ehren der Gefeierten vortrug:

„Es wimmelt heut' in Deinen Pforten
Von frohen Gästen ein und aus,
Sie kommen her von allen Orten
Und tragen Segen in Dein Haus.
Zu Ehren Deinem Freudentage
An bunten Gaben nicht gebricht's,
Nur ich, ein Gast von eignem Schlage,
Ich komme, doch ich bringe — nichts.

Sonst, wer mit Gaben nicht versehen,
Bringt einen Wunsch mit freiem Muth,
Und wenn's in Reimen kann geschehen,
So klingt das eben doppelt gut.
Ein freundlich Wort, und ist's auch leise,
Vom Herzen kommt's, zum Herzen spricht's,
Nur ich, ein Gast von eigner Weise,
Ich komme, doch ich wünsche — nichts.

Nichts störe Deines Hauses Frieden,
Nichts trübe Dir das heit're Herz,
Nichts sei zum Kummer Dir beschieden,
Nichts hab' zu thun mit Leid und Schmerz.

Und willst Du rechte Freud' ertheilen
Auch dem Verfasser des Gedichts,
So nimm als Glückwunsch diese Zeilen
Gutwillig auf und table — nichts."

Dagegen zeigen den Poeten in ernster Stimmung die Verse, welche er als Erwiderung auf die Vor-

würfe niederschrieb, die in Escheberg gegen eins seiner
früheren Lieder erhoben wurden. Eine Gouvernante
im Malsburgischen Hause, Fräulein Auguste Heß[1]),
konnte sich mit dem Inhalte des allerdings recht
sentimentalen Gedichtes „Herbstgefühl"[2]) nicht ein-
verstanden erklären. Den Grundgedanken desselben
zeigt schon die Anfangsstrophe:

> „O wär' es bloß der Wange Pracht,
> Die mit den Jahren flieht,
> Doch das ist's, was mich traurig macht,
> Daß auch das Herz verblüht."

Deshalb richtete Fräulein Heß an den Dichter mehrere
strafende poetische Zeilen. Einige Stellen daraus
mögen hier folgen:

> „Das Alter macht nur Haare bleich,
> Raubt nur der Wangen Pracht,
> Das Herz bleibt an Gefühlen reich,
> Kennt nicht der Jahre Macht.
>
> Sie rauben nur die Leidenschaft;
> Es wird im Geiste hell,
> Das Herz behält die alte Kraft,
> Ein ewig junger Quell.

---

[1]) Lebt als Gattin des Optikus Herrn G. Rupprecht in Kassel.
[2]) Gesammtausgabe I, 72.

Es welkt, es stirbt der Körper nur,
Es bleibt die Seele jung,
Sie findet stets des Frühlings Spur
In der Erinnerung.

Wem wahre Lieb' das Herz erfüllt,
Der liebt im Herbste noch,
Und ändert sich der Liebe Bild,
Die Liebe bleibt ihm doch."

Geibel, dem auf diese Verse hin die Erinnerung an vergangene trübe Stunden nur zu lebhaft auftauchte, bat darauf die Angreiferin um Verzeihung für den schwermüthigen Augenblick, in dem sein getadeltes Gedicht entstanden war. Seine „Antwort" lautete:

„O wüßtest Du, was echter Schmerz
In schwerer Stunde heißt,
Wenn blutend sich das bange Herz
Vom bangen Herzen reißt;

Du hättest mir den Augenblick,
Den finstern, leicht verziehn,
Da Liebesglück und Liebeslust
Mir als ein Traum erschien.

Und sprach ich, daß das Herz verblüht
Mit Lenz und Sonnenschein:
Es war aus bebendem Gemüth
Ein Ruf der Angst allein.

Es war ein buntler Schatten nur,
Der durch die Seele zog,
Nur eine Wolke, welche mir
Die Stirne trüb umflog.

Ich weiß wie Du: der Puls der Welt
Kann nimmermehr vergehn,
Und wenn die Erd' in Trümmer fällt,
Die Liebe muß bestehn.

Sie ist der Himmel, ist die Luft,
Drin unser Wesen lebt,
Der Paradiesesrosenduft,
Der unsern Geist umwebt.

Die Sonn' ist sie, die morgen scheint,
So wie sie gestern schien —
Drum laß' die Wolke immerhin
An ihr vorüberziehn."

Als im September 1841 der Geburtstag Malsburg's gefeiert wurde, verschönerte Geibel das Familienfest durch Aufführung eines kleinen von ihm gedichteten Gelegenheitsstücks, worin auch die Malsburgischen Kinder mitwirkten. Das Stück, dessen Manuscript in Escheberg nicht mehr vorhanden ist, ging von der Gegenwart aus und knüpfte an die napoleonischen Erinnerungen des Freiherrn an, von denen dieser mit Vorliebe zu erzählen pflegte. Der

Inhalt des Festspiels soll nach der Versicherung dabei Mitwirkender keineswegs ein so ernster gewesen sein, als der Prolog erwarten läßt, der sich, wie es scheint, allein erhalten hat. Geibel behandelte in diesem Prolog ein damals vielbesprochenes und von den Poeten vielbesungenes Ereigniß: die Ueberführung der Gebeine Napoleon's von St. Helena nach Paris, die im December 1840 zur Ausführung gelangt war. Seine Verse lauteten:

„Von Allen, die emportrug ihr Jahrhundert,
Die mächtig in des Schicksals Rad gefaßt,
Ward Keiner so wie Du geschmäht, bewundert,
Ward Keiner so wie Du geliebt, gehaßt.

Ein schöner Heros warst Du Deinem Volke,
Ein Halbgott schrittst Du Deinem Heer voran,
Dem Feinde schienst Du des Verderbens Wolke,
Ein Frevler dem Besiegten, ein Tyrann.

Was kümmert's Dich? Es eilt die flücht'ge Stunde,
Es sinkt des Hasses, sinkt der Liebe Kleid,
Ihr Urtheil spricht mit unbestochnem Munde
Der Menschheit große Richterin — die Zeit.

Was Du gethan, es strahlt in der Geschichte,
Was Du gefehlt, hat abgebüßt Dein Loos —
Unsterblich wirst Du leben im Gedichte,
Du warst der Mann des Schicksals, Du warst groß.

Du wolltest steigen, mochten Tausend bluten,
Doch stiegst Du, wie der Nil, der Welt zum Glück,
Und wie die Fruchtbarkeit dem Land die Fluthen,
So ließest Du die Freiheit uns zurück.

Dir frommt' es nicht, ob von der Welt geschieden
Dein Leib auf ödem Felseneiland lag,
Ob jetzt im stolzen Dom der Invaliden
Mit Pomp bestattet ward Dein Sarkophag.

Dort trauerten in trüben Nebelflören
Die schroffen Klippen einsam um Dich her,
Zu Deinen Füßen sang in Feierchören
Die Todtenlieder Dir das heil'ge Meer.

Es schatteten die Weiden in den Thalen,
Ein grüner Baldachin, auf Dich herab,
Und prächtig warf das Abendroth die Strahlen
Wie einen Purpurmantel auf Dein Grab.

Hier ruhst Du unter vaterländ'schem Himmel,
Die treuen Fechter schlafen um Dich her,
Und über Dir erbrauset das Gewimmel
Der Stadt Paris gleichwie ein zweites Meer.

Schlaf' sanft! — Was auch im Zeitenlauf zerstiebe,
Drei Dinge bleiben fest Dein Eigenthum,
Drei Dinge — Deines schönen Frankreichs Liebe,
Der immergrüne Lorbeer und der Ruhm."

Eins der schönsten Geschenke, die Geibel nachmals dem Hause Malsburg als Gegengabe für so

viele erwiesene Freundlichkeit überreichte, besteht ohne
Zweifel in der zehnten des „Buchs Elegien".

„Nahe dem Hange des Bergs, den hundertjähriger Eschen
Wipfel umschatteten, lag halb im Verborgnen das Schloß,
Altersgrau, doch würdig geschmückt und wohnlich im Innern,
Groß nicht, aber dem Gast freundlich, wie keines im Land.
Neben dem springenden Leu'n drei Rosen am Thor der Kapelle
Zeigte das Wappen und rings dufteten Rosen umher;
Denn weit dehnte der Garten sich hin, von rauschender Wald=
nacht
Nur und dem Spiegel des Teichs drüben im Thale begrenzt."

Das 1879 entstandene Gedicht gehört zu den größten
Zierden des fünften Bandes der „Gesammelten
Werke"[1]). Seine Verse voll süßen Wohllauts führen
uns in das gastliche Schloß in unnachahmlicher
Weise ein. Von dem kleinen traulichen Zimmer im
oberen Stock schaut der Dichter, aus dem geistig be=
lebten Kreise guter und edler Menschen in die Stille
zurückgekehrt, hinaus in die Nacht:

„Während die Sichel des Monds über den wipfelnden Höh'n
Schimmernd in Duft hinschwamm und die Nachtigallen vom
Wald her
Schmetterten, wie ich es nie früher noch später gehört."

---

[1]) V, 98 ff.

Er fühlt sich neugestärkt, muthig auf der Bahn
vorwärts zu schreiten, die er begonnen, und schließt
mit den dankerfüllten Worten:

„Tröstlicher Hoffnung voll dann kann ich hinaus in die Zukunft,
An das bezwungene Leid dacht' ich, das herbe, zurück.
Doch es versank schon fern; und ich dankte den himmlischen Mächten,
Die mir die Freistatt hier treu mich behütend gewährt,
Als ich zu scheitern gemeint und ich bat: Vollendet das Werk nun
Und dem Geretteten gebt gnädig zum Wollen die Kraft!"

Aber noch mit einer anderen, seither der gebildeten
Welt unbekannten Gabe beschenkte der Dichter das
Haus seines Mäcens. Es sind die Briefe, welche er
an Karl von der Malsburg und Mitglieder seiner
Familie richtete. Durch die Güte des Königlichen
Kammerherrn und Vice=Marschalls der althessischen
Ritterschaft, Herrn Dr. jur. Hans Freiherrn von der
Malsburg auf Escheberg, des Sohnes von Geibel's
Freunde, war mir auf meine Bitte verstattet, Ein=
sicht und Abschrift von ihren Originalen zu nehmen.
Die Hoffnung möchte vielleicht keine ungerechtfertigte
sein, daß die hier erfolgende Veröffentlichung dieser
Briefe, die Herr von der Malsburg mit dankens=
werther Freundlichkeit erlaubte, einen Beitrag zu dem
Lebensbilde Emanuel Geibel's liefern wird, der in

den Tausenden und abermals Tausenden deutscher Männer und Frauen, die ihn lieben und verehren, die Gefühle der Begeisterung für den unvergeßlichen Sänger, der zugleich einer der edelsten Menschen war, nur noch steigern wird.

Man wird nicht erwarten, daß ich die Briefe nach ihrem vollen Wortlaute bringe. Ich glaubte mich auf den Abdruck der Stellen beschränken zu sollen, die allgemeineres Interesse darbieten. Wo es erforderlich schien, sind kurze, zum Verständniß der Situation dienende Bemerkungen vorausgeschickt oder in Anmerkungen die nothwendigen Erklärungen gegeben. Auch für einen Theil des Inhalts dieser Anmerkungen, namentlich soweit sie Familiennachrichten betreffen, habe ich der Liebenswürdigkeit des Herrn Hans von der Malsburg zu danken. Die meisten Briefe sind übrigens so gehalten, daß es selbst für den, der den Lebensgang des Dichters nicht näher kennt, keines verbindenden Textes des Herausgebers bedarf. Meine bisherige Darstellung dürfte wohl für den Zweck ausreichen, den Leser mit der Lage Geibel's im Sommer 1841 und den Persönlichkeiten bekannt zu machen, in deren Umgebung er damals verweilte.

Der Aufenthalt des Dichters in Escheberg währte beinahe ein Jahr. Obgleich Geibel sich schon weit früher zum Abschiede rüstete, ließ er sich doch durch das wiederholte liebenswürdige Bitten und Drängen Malsburg's bewegen, so lange zu bleiben. Mit ihm unternahm er auch während jener Zeit mehrere Ausflüge nach Kassel, Arolsen und nach Bergheim zu dem Grafen von Waldeck. Auch der Grundsteinlegung des Hermannsdenkmals im Teutoburger Walde wohnten sie bei, gastfreundlich aufgenommen von Emanuel's ältestem Bruder Friedrich, der damals als Erzieher der Lippe'schen Prinzen am Hofe zu Detmold lebte. Ein größerer Abstecher führte den Dichter im April 1842 auf einige Wochen nach Marburg, Frankfurt und Hanau. In Hanau war eine Schwester seines Vaters an den Uhrmacher Schlicht verheirathet. Schon im Herbste 1835 hatte Emanuel als Student von Bonn aus die Hanauer Verwandten in ihrem Hause „Zum silbernen Engel" in der Sterngasse besucht und durch sie die Umgebung der Stadt kennen gelernt. Damals betrat er auch das nahegelegene Dorf Wachenbuchen mit dem Stammhause der Familie Geibel, aus dem 1775, ein Jahr vor der Geburt des Vaters des Dichters, sein Großvater Johann Friedrich Geibel nach Hanau gezogen war. In einem der „Lieder aus alter und neuer Zeit"[1]), das mit den Versen beginnt:

„Im Herbste, wann die Trauben glühn
Und froh die Keltern schallen"

hat Emanuel jenes Haus „Zur Lilie", ein vormaliges Wirthshaus[2]), verewigt, wo „sein Urahn Most für durst'ger Wandrer Kehlen schenkte". Dort singt er:

„Denn kam ich auch am Ostseestrand
Das Licht der Welt zu suchen,
Mein Stammhaus steht im Frankenland,
Im Dorf zu Wachenbuchen."

Die von Escheberg unternommene Reise diente auch dem Zweck, unterwegs in Marburg den Professor der abendländischen Literatur Victor Aimé Huber kennen zu lernen, der längere Zeit in Spanien gelebt und sich durch seine spanischen Skizzen bekannt

---

[1]) Gesammtausgabe III, 46 f.
[2]) Die Nachforschungen nach diesem Hause sind ohne Erfolg geblieben. Nach der Ansicht von Verwandten Geibel's ist es abgebrochen. Mitglieder der Geibel'schen Familie existiren in Wachenbuchen nicht mehr.

gemacht hatte. Eine von Huber verfaßte Anzeige der „Zeitstimmen" machte dem Dichter die persönliche Bekanntschaft des Gelehrten wünschenswerth. Malsburg begleitete seinen jungen Freund bis Marburg. Von dort war Emanuel dann über Frankfurt nach Hanau gereist. Aus Hanau rührt der erste Brief des Dichters an den Freiherrn her.

1.

Hanau, den 17. April 1842.

„Schon seit einigen Tagen bin ich in Hanau, und so beeile ich mich denn, nachdem die erste Zeit, die ich mit Visiten bei Verwandten und dem Wiederaufsuchen alter Freunde und Bekannten zubringen mußte, glücklich überstanden ist, Ihnen von mir und meinem Treiben Nachricht zu geben. Ich nehme mir dabei Ihre eigene vortreffliche Erzählungsweise zum Muster und beginne demnach mit dem Augenblicke, da ich im „Ritter" zu Marburg noch halb schlaftrunken von Ihnen Abschied nahm. Noch denselben Morgen ging ich abermals zum Professor Huber, und nachdem wir bereits in den vorigen Tagen über mancherlei Allgemeines uns gegenseitig ausgesprochen, trug ich ihm meine besonderen Wünsche und Anliegen theils wegen meiner spanischen Arbeiten, theils wegen des Roderich vor. Huber ging freundlich auf Alles ein, und forderte mich sogleich auf, zu weiterer und bequemerer Mittheilung für ein Paar Tage meine Wohnung in seinem Hause aufzuschlagen, ein Anerbieten, das ich natürlich mit Dank annahm. So führte ich denn mit ihm und seiner recht liebenswürdigen, aber kränklichen Frau[1]) für kurze Zeit eine Art von abgeschiedenem Klosterleben, das von keinem weiteren Umgange irgendwie unterbrochen ward. Morgens setzte ich mich durch Copiren in Besitz einer Menge für mich wichtiger spanischer Manuscripte, die Huber theils in Spanien selbst gesammelt, theils aus schwer zugänglichen Büchern abgeschrieben hatte; Nachmittags gingen wir meine Uebersetzungen durch, der Abend gehörte der Poesie. Für den Roderich gewann er größeres Interesse, als ich es von dem stets ruhigen, etwas abgeschlossenen Mann erwartet hatte; er ging lebhaft auf Alles ein und sagte mir endlich: „Ich würde an dem Stücke gar nichts auszusetzen haben, wenn Sie mich nicht selbst zur gründlichsten Kritik aufgefordert hätten, und auch dann nicht, wenn ich nicht glaubte, es dürfe nur mit dem höchsten Maßstabe gemessen werden. So aber scheinen mir noch einige Aenderungen wünschenswerth; um den schönen Schluß und die Worte des Erzbischofs am Ende zu rechtfertigen, muß uns schon im Laufe

---

[1]) Auguste, geb. Kluglist aus Bremen. Uebrigens überlebte sie ihren 1869 zu Wernigerode verstorbenen Gatten.

des Stücks das sittliche Verderben des Volks deutlicher vorgeführt werden. Sie können das leicht herbeiführen, indem Sie die Berathungsscene noch weiter ausmalen und irgendwo am passenden Platze eine Volksscene einfügen. Das ist indessen nur für den Druck; für die Aufführung möchte ich kaum etwas geändert haben; das große Publikum weiß ohnedies von solchen Dingen wenig oder nichts."

Nach einer wohldurchschlafenen Fahrt langte ich am Dienstag Morgen in Frankfurt an. Die Stadt war noch still und dämmerig, und ich eilte durch die leeren Straßen dem englischen Hofe zu, wo ich die im Wagen glücklich begonnene Ruhe mit aller Bequemlichkeit im Bette fortsetzte. Als aber endlich die Sonne hell in die Fenster schien, machte ich mich auf, und mein erster Weg ging ins Hôtel der Mecklenburgischen Gesandtschaft, wo ich meinen Freund Schack aufsuchen wollte. Diesmal war ich nicht glücklich; Schack hält sich allerdings für gewöhnlich in Frankfurt auf, war aber vor wenigen Tagen in diplomatischen Angelegenheiten nach Paris gereist. Von seiner Wohnung ging ich zu Beuermann[1]), der mich zuvorkommend empfing und mich zu

---

[1]) Damals an der Redaction der „Oberpostamtszeitung" betheiligt. Er war einige Jahre vorher auch in Kassel als Journalist thätig gewesen.

seinem Schwager, dem Theaterdirektor Meck, führte; beide hatten mein Stück gelesen, beiden hatte es zugesagt, aber der Sommer meinten sie, sei keine günstige Zeit, um es in Scene zu setzen; das Sommerpublikum bestehe größtentheils aus durchreisenden Fremden, die in die Bäder gingen oder daraus zurückkehrten, für solche seien Opern oder kleine Lustspiele das Beste; zur Herbstmesse aber, wenn das einheimische gebildete Publikum sich von den Land- und Gartenhäusern wieder in die Stadt gezogen, suche man ohnedies nach neuen Stücken; dann solle denn auch, wenn nicht ganz besondere Schwierigkeiten sich noch fänden, der Roderich und zwar ohne große Kürzungen und mit Glanz gegeben werden. Wie weit sich einem solchen Versprechen trauen läßt, weiß ich nicht; indessen schien mir Meck ein einfacher treuherziger Mann, und Beuermann, mit dem ich später noch öfter zusammen war, versicherte mich noch beim Abschiede: „Seien Sie ganz ruhig, Ihr Stück wird zuverlässig gegeben; nur verlieren Sie die Geduld nicht, und lassen Sie sich um Gotteswillen mit keinem Einzelnen der mitspielenden Schauspieler ein. Dadurch haben Sie es in Cassel verdorben, die Schauspieler sind mehr oder weniger alle Egoisten, denen an ihrer Rolle Alles, am Stücke, am Ganzen der Handlung gar nichts liegt."

2.

Frankfurt a. M., Sonntag den 24. April 1842.

„So sitze ich denn wieder im Gasthofe zu Frankfurt; draußen über Häusern, Fluß und Gärten liegt die warme klare Frühlingsnacht, und das lustige Volk schwärmt singend und klingend durch die mondhellen Gassen. Schräg gegenüber ist ein Fenster offen, und aus den rothen durchscheinenden Vorhängen bringen mit dem gedämpften Kerzenglanz einzelne rollende Passagen eines Fortepiano in die Dämmerung hinaus und zu mir herüber. Es sind die wohlbekannten Töne der Cachucha, und Sie selbst können leicht denken, welche Bilder, welche Erinnerungen dabei in meiner Seele wach werden. Da muß ich schreiben, muß an Sie schreiben, wenn mir auch eigentlich der Stoff zu einem Briefe gebricht. Ich kann's eben nicht lassen, und wenn auch das, was ich aufs Papier werfe, nichts ist als ein Lebenszeichen, als ein nochmaliger Dank für so viel liebevolle Theilnahme, wie Sie mir geschenkt, für so viel Schönes, was ich unverdient durch Ihre Güte erleben durfte. Wie oft habe ich in diesen freundlichen Tagen voll Wärme und Sonnenschein Ihrer und des schönen Eschebergs gedacht, wie oft bedauert, daß es mir versagt war, sie dort zu verleben, Morgens Sie auf Ihrer Chaussee aufzusuchen[1])

---

[1]) Malsburg beschäftigte sich sehr viel mit dem Bau von Straßen durch seine großen Waldungen.

und dabei die tausend Stimmen des erwachenden Waldes zu belauschen, Abends mit Ihnen und den Ihrigen zu plaudern und mir beim Weine erzählen zu lassen.

Aber ich will gegen mein Schicksal nicht undankbar sein und nicht klagen. Mein Aufenthalt in Hanau war recht angenehm; die Leute haben mir viel Liebe erzeigt, fast zu viel, so daß ich oft ganze Tage kaum einen Gedanken für mich ausdenken konnte. Ich, meinestheils, fand mich so gut es gehen wollte, in ihre Interessen, aber es waren nicht mehr die meinen. Mir kam das oft vor, als müßte ich mich in einen alten lieben Rock, mit dem ich einst viel durchgemacht, nach Jahren wieder hineinzwängen, und ich that es gutwillig und gern; es war ja nicht seine Schuld, daß er mir unterdeß zu eng geworden war. Ich fand Alles wieder, wie ich es vor sieben Jahren verlassen, dieselben Gesichter, dieselben Gewohnheiten, genau dieselbe Denkungsweise, nur hier und da war eine volle Rose gewelkt, ein Knöspchen zur vollen Blume ausgewachsen. Aber ich selbst war ein Anderer; nicht mehr der ausgelassene eben angehende Student, sondern ein angehender Mann.

Noch ein Paar Tage, oder wenigstens noch einen muß ich hier im lebenslustigen Frankfurt verweilen, da es sich für die künftige Aufführung des Roderich immer besser und sicherer zu gestalten scheint; auch räth man mir dringend, das Stück so bald als möglich nach

Stuttgart und Wien zu senden. Doch davon mündlich mehr und ausführlicher! Von hier denke ich auf kurze Zeit nochmals nach Marburg zu gehen, wo ich mit Huber noch einiges abzuthun habe. Leider sind aber alle meine Pläne so von mancherlei Zufälligkeiten abhängig, daß ich den Tag meiner Rückkunft unmöglich schon mit Sicherheit angeben kann — — —."

Am 1. Mai 1842 traf Geibel wieder in Escheberg ein. Bald nahte nun die Zeit, wo er von dem Schlosse und Allem, was ihm dort lieb geworden war, Abschied nahm. Julius Rodenberg, der selbst ein Jahrzehnt später der Gast Karl's von der Malsburg war und gleich Geibel, Franz Kugler und Friedrich Bodenstedt im Escheberger „Poetenstübchen" gewohnt hat, veröffentlichte im vorjährigen Juniheft der „Deutschen Rundschau" in einem innig empfundenen, dem Andenken des heimgegangenen Sängers geweihten Aufsatze das kleine schöne Gedicht „Leb' wohl, du grüne Wildniß", das Emanuel am 22. Mai in das Fremdenbuch des Malsburgischen Hauses einschrieb. Als der Dichter im Jahre zuvor die Schwelle des Schlosses überschritten hatte, ahnte er nicht, daß das Scheiden aus diesen Räumen für ihn ein so schweres und schmerzliches werden sollte. Aber mannhaft bezwang er, was sein Herz tief bewegte. Er konnte es, denn auch für ihn war ja das Wort geschrieben, dessen Wahrheit Goethe selbst erlebt hatte, als er es seinem Tasso in den Mund legte:

„Und wenn der Mensch in seiner Qual verstummt,
Gab mir ein Gott, zu sagen, wie ich leide."

Aus solcher Stimmung entsprang nachher das kleine Gedicht Geibel's, das er mit „Muth" bezeichnete. Das darin abgelegte Gelübde hat er treu erfüllt.

„O Herz, laß ab zu zagen,
Und von dir wirf das Joch!
Du hast so viel getragen,
Du trägst auch dieses noch.

Tritt auf in blanken Waffen,
Mein Geist, und werde frei!
Es gilt noch mehr zu schaffen
Als einen Liebesmai.

Und ob die Brust auch blutet,
Nur vorwärts in die Bahn!
Du weißt, am vollsten fluthet
Gesang dem wunden Schwan."

Die Gefühle der wärmsten Dankbarkeit, welche ihn gegen Malsburg und seine Familie beseelten, treten besonders in dem Briefe hervor, den er bald nach seiner Wiederankunft in Lübeck an den Freiherrn richtete. Eine Stelle dieses Schreibens wird unzweifelhaft bei den Kennern seiner Dichtungen besondere Beachtung finden. In den Worten, die ihm der Anblick der noch rauchenden Brandstätte Hamburgs entlockt, findet sich schon der schöne Gedanke ausgesprochen, der in der zweiten Strophe des 1843 gedichteten „Liebes am Rhein" voller wiederklingt. Dort bringt Geibel auf dem Drachenfels dem Vaterlande den Becher mit den Versen dar:

„Dir sei's, o deutsches Volk, gebracht,
Dem Einen, großen, wundervollen,
So weit der Himmel um dich lacht,
Und über dir die Donner rollen!
Was kümmert's mich, auf Stein und Holz
Wie deiner Wappen Farben streiten!
Ich meine dich, das jüngst noch stolz
In Hamburgs Brand zusammenschmolz,
Korinthisch Erz für alle Zeiten."

3.

Lübeck, den 1. Juni 1842.

„Schon früher würde ich Ihnen geschrieben haben, wenn ich in den ersten Tagen meines hiesigen Aufenthaltes irgend Zeit und Muße dazu hätte finden können. Aber jetzt, da ich eben wieder eingerichtet bin und Alles den alten regelmäßigen Gang nimmt, darf ich nicht länger zögern, Ihnen zu berichten, wie es mir ergeht, und wie ich, wenn ich mich auch in das neue Leben und Treiben einigermaßen gefunden habe, doch immer mit Sehnsucht und Freude an die schöne, wahrhaft erquickende Zeit in Escheberg zurückdenke, für die ich ewig Ihr Schuldner bleiben werde. Ich fühle es jetzt deutlicher als jemals: wenn etwas aus mir werden kann, wenn mein Geist in raschem Fortschritt sich zu entwickeln anfängt, so sind Sie es zunächst, dem der Dank dafür gebührt, Sie, indem Sie mir Alles gewährten, was ein Poet nur bedarf: Muße und Geselligkeit, Sorglosigkeit und Freiheit in schöner Natur, Theilnahme und was mehr noch sagen will — ein freundschaftliches Vertrauen. Daß Sie mir dies und ein freundliches Andenken auch ferner schenken möchten, ist der innigste Wunsch, der mich jetzt beseelt, und ich hoffe, Sie lassen mich nicht umsonst darum bitten.

Sie wissen, daß ich jenen Abend, da ich von Ihnen Abschied nahm, bei Elvers[1]) zubrachte. Man drang in mich, etwas aus dem Roderich zu lesen, und ich durfte es nicht abschlagen. Aber mir war nicht darnach zu

---

[1]) Christian Friedrich Elvers, damals Oberappellationsgerichtsrath in Kassel.

Muthe, ich habe nie schlechter gelesen, und ich freute mich, als die Uhr drei Viertel auf Elf schlug und mich zum Aufbruche mahnte. Bald darauf rollte unser Postwagen zum Thore hinaus, außer mir nur ein einziger Passagier darin. Es war eine seltsame Nacht; die laue, von Blüthen gewürzte Luft strich durch den Wagen, hoch über den Bergen stand der Mond, die Ferne dämmerte in silbernem Nebel. Mir war's, als hört' ich durch das Gerassel der Räder die Bäume rauschen und hier und da aus dem tiefsten Blätterdunkel eine Nachtigall schlagen, und Rauschen und Nachtigallschlag verwob sich wunderbar mit meinen Gedanken, die noch immer in Escheberg waren. So versank ich endlich in tiefen Traum, der mit wechselnden Bildern grün und kühl durch meinen Sinn zog, wie ein freundlicher Abschiedsgruß der schönen letztvergangenen Zeit. — Als ich wieder erwachte, fuhren wir eben durch die lange Weender Straße in der guten Stadt Göttingen. Die Sonne war schon munter und vergoldete mit frühen Strahlen die Giebel der stillen Häuser; die Herren Studiosen aber lagen noch in den Federn und schliefen ihre geistigen Anstrengungen oder den gestrigen Rausch aus; die Gassen waren leer; nur hier und da schlüpfte ein schlaftrunkener Aufwärter mit rother Nase und weißem verbrauchtem Filzhut, das kleiderausklopfende Rohrstöckchen in der Hand, wie ein Schatten längs den Häusern hin. Beim Posthofe wurde eilig gefrühstückt;

dann blies der Postillon: Es ritten drei Reiter zum Thore hinaus: Ade! Und vorwärts ging's in den frischen thauigen Morgen hinein. — —

Gegen Abend kamen wir nach Hannover, wo ich meinen athenischen Freund Hausmann[1]) aufsuchte und fand. Es war ein eigenthümliches Wiedersehen. Vor zwei Jahren hatten wir auf dem Molo des Piräus von einander Abschied genommen, ich heimwehkrank nach Deutschland, in der Brust den Wunsch nach Ruhe und stiller Beschränkung, er voll fröhlicher Sehnsucht ins Weite hinaus, voll Jugendmuth und Uebermuth, jedem Gedanken an häusliches Wirken und Schaffen entfremdet. Jetzt fand ich ihn wieder als Chef einer großen Handlung, friedlich eingebürgert und im sicheren Hafen, während mein Lebensschiff noch immer unstät und schwankend auf den Wellen treibt. Mochte aber vieles anders geworden sein, die alte Zuneigung und Freundschaft war dieselbe geblieben. Er ließ mich nicht fort, und so verlebten wir einen fröhlichen Abend und einen angenehmen Tag miteinander, in den sich tausend schöne Bilder aus unserer griechischen Zeit glänzend und buntfarbig hineinwebten.

Am nächsten Abend ging es weiter nach Hamburg

---

[1]) Karl Hausmann aus Hannover hatte in einem Handelshause zu Athen „mehr der Erholung als der Beschäftigung wegen", wie Goedeke sagt, eine Zeit lang eine Stelle bekleidet.

zu. Schon bei der Ueberfahrt von Harburg war die fürchterliche Verwüstung zu gewahren; zwei Thürme fehlten als Zacken in der Krone der Stadt. Aber drei ragten noch stolz und unversehrt, und drei Thürme sind seit alter Zeit Hamburgs Wappen und Wahrzeichen gewesen. Ich will Sie nicht mit einer neuen Schilderung der grauenhaften Zerstörung ermüden; Sie werden zur Genüge davon gelesen haben. Aber mir ward doch das Herz schauerlich bewegt, als mein Weg mich über die Brandstätte zur Post führte, und als ich mich in dem ungeheuern Trümmerhaufen kaum zu finden wußte. Fürwahr, es wäre ein Schauspiel für Alle, die auf ihr irdisches Gut trotzen, und stolz vermeinen, der Himmel wäre ihnen zu nichts Nutze, da doch aller Reichthum wie ein Rauch ist vor der Gewalt des Herrn. Erfreulich aber ist es wiederum, wie aus allen deutschen Gauen die Hülfe rasch und willig herbeifließt, und wie die hochwehende Flamme Hamburgs zum rothen Banner wurde, bei dem Deutschland abermals seine Einheit beschwört.

Die Chaussee zwischen Hamburg und Lübeck ist jetzt fertig und wirklich vortrefflich. Nach sechsstündiger Fahrt langte ich in meiner alten Vaterstadt an, die ich nicht ohne die widerstreitendsten Empfindungen betrat. Welcher Mensch, der seine Heimath wirklich liebt, sollte sich nach längerer Abwesenheit nicht freuen, die Straßen, die Häuser wiederzusehen, die ihm so viel schöne Jugenderinnerungen zurückrufen, und auf denen doch stets ein

leiser Schimmer von den vergangenen Freuden zurück-
blieb? So schlug auch mir das Herz höher, als ich
bei den grünschattigen Wällen vorbei durch das düster
gewölbte Thor einfuhr und die prächtigen Thürme ge-
wahrte und den klangvollen Schlag ihrer Glocken vernahm; aber zugleich drückte ein ängstlich beklommenes
Gefühl meine Seele; ich war mir bewußt, daß ich
dem sonst so lieben Ort geistig entfremdet sei. Jeden
Gedanken der Art aber verscheuchte für's erste der Empfang meines Vaters, der sich meiner Rückkehr von
ganzem Herzen freute. Das war ein gegenseitiges Fragen
und Erkundigen ohne Ende; er war innig gerührt über
die viele Güte, die Sie mir, die Sie ihm bewiesen haben.
Daß er Ihnen auf Ihren so überaus freundlichen und
zuvorkommenden Brief noch immer nicht geantwortet,
drückt ihn schwer; aber es ist ihm bisher wahrlich kaum
möglich gewesen und Sie müssen es ihm eher als jedem
Andern nachsehen. Früher hat ihn das hier in der
Nähe natürlich noch viel stärker wirkende Hamburger
Ereigniß so in Anspruch genommen, daß jeder andere
Gedanke davor in den Hintergrund treten mußte; jetzt
hat er in den nächsten Tagen die Confirmation im
Leithoffschen Institut zu vollführen, was ihm täglich
mehrere Stunden wegnimmt, so daß der Rest seiner
Zeit kaum für die Amtsgeschäfte hinreichen will. So-
bald sich aber diese außergewöhnliche Anhäufung von
Arbeiten gemindert haben wird, wird er Ihnen selbst

seinen innigsten Dank aussprechen und, wie ich hoffe, zugleich seinen Entschluß melden, daß er von Ihrer liebenswürdigen Einladung Gebrauch machen werde. Mir wenigstens sagte er: Wenn nicht ganz besondere Hindernisse eintreten, so würde es mir die größeste Freude sein, meine Ferien diesmal in einem so ausgezeichneten Kreise und in so herrlicher Natur zubringen zu dürfen.

Mir geht es hier einstweilen gut, d. h. so gut es einem Menschen ergehen kann, der aus dem grünen frischen Walde plötzlich wieder in das öde unerquickliche Stadtleben hineingeschleudert wurde. Den Tag über arbeite ich, wie sonst; den Abend oder doch einige Abendstunden bringe ich gewöhnlich in Krempelsdorf zu, das mit seinen lieben Menschen und hohen Lindenbäumen mein Trost ist, und wo ich mir nächstens ein Arbeitsstübchen einrichten werde. Mein Roderich hat dort den lebhaftesten Anklang gefunden; jetzt mache ich ernsthafte Studien für die Nibelungen und übersetze aus dem Spanischen.

Den Bahia habe ich bei Herrn Lang bestellt, und wird derselbe nächstens bei Ihnen eintreffen. — Fritz Heintze[1], der mir wohl gefällt, hat sich über das inhaltschwere Vielliebchen außerordentlich gefreut

---

[1] Neffe des Freiherrn. Er starb vor einigen Jahren auf seinem Gute Hagen bei Kiel.

und wird den freundlichen Geberinnen¹) bald selbst schreiben.

Und nun grüßen Sie Alle von mir, die einen Gruß von mir wollen, Groß und Klein, von Ihrer würdigen Schwiegermutter bis auf den kleinen sonnverbrannten Steinklopfer Otto²), und behalten Sie mich so willig in freundlichem Andenken, wie ich Escheberg und Alles was damit zusammenhängt."

Im Anfange des folgenden Briefes ist unschwer die poetische Betrachtung zu erkennen, von der Geibel nachmals in einem seiner bekannteren Lieder ausging. Das Zurückträumen in eine kühle Schlucht des Escheberger Waldes mit allen Phantasien, die sich an ein solches Lager im weichen Moose knüpfen, haben unbestreitbare Aehnlichkeit mit den drei ersten

---

¹) Den Fräuleins Henriette von der Malsburg und Adelheid von Baumbach.

²) Der jüngste Sohn des Freiherrn. Er war damals sechs Jahre alt. Otto von der Malsburg starb im 24. Lebensjahre 1859 als Lieutenant im österreichischen Dragoner-Regimente Toscana zu Pesth. Die scherzhafte Bezeichnung als „Steinklopfer" bezieht sich auf das oben erwähnte Gelegenheitsstück Geibel's zum Geburtstage des Freiherrn, worin den drei kleinen Söhnen Malsburg's Rollen als Steinklopfer an den Chausseen ihres Vaters zugetheilt gewesen waren.

Strophen des „Waldmärchens", seinem Gelübde, „der Fei der Waldesgründe, der Sagenpoesie" nie untreu zu werden. Die Entstehung desselben setzt Goedeke etwa ein Jahr später, in die Zeit des Verweilens des Dichters zu St. Goar.

Der so wundervoll geschilderte Besuch Uhland's in Lübeck erfolgte auf dessen Reise nach Berlin und Kopenhagen, die auch in anderen Städten, besonders in Kiel, begeisterte Ovationen für den schwäbischen Sänger im Gefolge hatte. Wer dächte bei der Schilderung des Lübecker Rathskellers nicht an Geibel's 1845 gedichtete „Septembernacht" und die prophetischen Worte von Deutschlands Auferstehung und einer neuen deutschen Flotte, die der Dichter der Erscheinung Jürgen Wullenweber's in jenen uralten Räumen in den Mund legt!

4.

Lübeck, den 14. August 1842.

„Das ist ein heißer, wolkenloser Sommer dieses Jahr! Ich werde jeden Morgen an Griechenland erinnert, wenn er mir wieder so heiter und blauäugig ins Fenster sieht und der helle Sonnenschein breit auf die gegenüberliegenden Giebel fällt. Aber freilich —

mehr zum Genießen als zum Schaffen ist diese Zeit geeignet, und ich will nicht leugnen, daß ich mich oft nicht ungern einer Art südlicher Trägheit hingebe, die im Sinnen und Träumen sich gefallend, phantastische Wolkenschlösser baut, oder im Gebiete der Erinnerung genußsüchtig umherschweift. Wäre ich noch bei Ihnen in Escheberg, ich hätte mir längst irgendwo im Wald eine kühle Schlucht ausgesucht, am Boden mit weichem kurzem Moos bedeckt, oben von mächtigen Buchen überschattet. Da wollt' ich in den heißen Stunden liegen, und über mir die warmen Lichter in den Laubwipfeln spielen sehen und leise, leise den Faden meiner Gedanken fortspinnen. Es müßten sich hübsche Märchen und zauberhafte Geschichten ersinnen lassen in der duftigen Waldstille, wenn droben die Blätter in der blauen Mittagsschwüle schlaftrunken zittern, und kein anderes Geräusch das weite Schweigen unterbricht als das flüchtige Rascheln der Eidechse im Grase oder das eintönige Hämmern des Spechtes.

Nun muß ich freilich auf ein solches Naturleben verzichten, und bin einstweilen auf Krempelsdorf angewiesen; aber auch das hat seine eigenthümlichen Reize. Fehlen auch Berg und Wald, so bleiben doch die hohen schattigen Bäume, der schilfumkränzte Teich mit darüberschwebender Weinlaube, und dahinter die frischen Wiesen, auf denen Abends der weiße Nebel zieht, immer ein ganz hübscher, wenn auch beschränkterer Hintergrund für unsere ländlichen Erholungen. Und dazu das fröhliche kinderwolle Haus; die freie, vielseitige, nur von der Sitte beherrschte und eben darum anmuthig hin und her= spielende Unterhaltung; die schönen Abende voll Musik und Heiterkeit — ich müßte undankbar sein, wenn ich so viel Gutes und Liebes nicht freudig anerkennen wollte.

Aber freilich! Das wird auch bald sein Ende haben. In kurzem werden Nöltings verreisen nach Sachsen, Oesterreich, ins Bad nach Gastein — ich verliere am meisten dabei; ihr Haus ist das einzige, mit dem ich hier verkehre. Der Umgang mit meinem Vater gewährt mir viel, unendlich viel, aber der ist auf wenige Stunden beschränkt, und ich bedarf so sehr des Lebens in einer Familie. Ich fürchte, es wird für mich eine ziemlich trostlose Zeit werden.

Neulich war Uhland hier[1]); das brachte selbst die ruhigen Lübecker in Bewegung. Im Rathswein= keller wurde dem Dichter Abends ein kleines Fest veran= staltet. Sie kennen ja jene langen hallenden Gänge, wo sich majestätisch Faß an Faß reiht und die Blume des Weins die kühle Luft durchwürzt; jene traulichen Gemächer, wo die alterthümlichen Eisenangeln vom Ge=

---

[1]) Die Reise Uhland's, auf welcher der Besuch in Lübeck erfolgt sein muß, wird von seinen Biographen Gihr, O. Jahn und Notter ins Jahr 1841 gesetzt. Es ist mir nicht gelungen, diesen Widerspruch mit der Angabe Geibel's aufzuklären.

wölbe herabhangen und der Kamin in buntem Stein=
schnitzwerk zierlich ausgemeißelt ist; jene langen braunen
Eichentische, die dereinst aus den letzten hanseatischen
Kriegsschiffen gezimmert wurden, und über deren mächtige
Tafeln jetzt statt der brausenden Meereswoge der Schaum
des perlenden Champagners spritzt — das Alles war
an jenem Abend in feierlichem Glanze zu schauen, ein
fröhliches Gedränge strömte durch die langen hellen
Räume und die Gesänge der Liedertafel klangen mit dem
Geläute der Becher in die Wette. Hier war der Dichter
wieder einmal ein Zauberer geworden; nicht nur, daß
er die gewöhnlich öden und stummen Hallen mit buntem
wogenden Leben angefüllt hatte — es war mehr —
eine Art schwärmenden Jubels hatte die ganze Ver=
sammlung ergriffen, und hundert Herzen, die sich viel=
leicht seit Jahren jedem erhebenden Eindrucke verschlossen
hatten, thauten auf und wagten es, wieder frei und
froh und poetisch zu schlagen. — Ich hatte Uhland schon
am Tage vorher gesprochen, er war mir zuerst häßlich
von Gesicht und etwas einsylbig in der Rede erschienen,
aber an diesem Abend hatte der Glanz der Seele, der
auf seinen unebenen Zügen lag, jedes Unangenehme weg=
genommen, und seine Stimme wuchs nach und nach
zum metallenen Klange. Wie gerne hätte ich Sie da
bei uns gehabt! Ich bin überzeugt, auch für Sie
würde die allgemeine Freude eine rechte Erquickung ge=
wesen sein, und unter den vielen Trinksprüchen, welche

ausgebracht wurden, würde der Malsburgische sicher nicht gefehlt haben.

Berlin, den 1. Sept. 1842.

So weit, mein hochverehrter Gönner, schrieb ich Ihnen vor vierzehn Tagen in Lübeck, in der Absicht, den Brief durch Fräulein Krause[1]) an Sie gelangen zu lassen. Allein er kam nicht zu Ende; die Furcht vor mehreren fast ganz einsamen Monaten und noch mehr die Aufbruchsunruhe des Nöltingschen Hauses ließen alle alte Reiselust in mir wach werden, und so entschloß ich mich kurz und reiste mit, wenigstens bis nach Berlin, wo ich nun bereits seit mehr als acht Tagen mich aufhalte. Man hat mich hier mit großem Wohlwollen und vieler Freundlichkeit aufgenommen; dennoch will's mir nicht recht behagen; die Natur hat gar zu wenig gethan, und der Sand weht von außen nicht bloß in die Straßen hinein, sondern auch in die Gemüther. Es ist wahr, es ist hier viel Großes beisammen, aber der Egoismus hält die Geister ängstlich auseinander; die edlen Erze liegen gesondert in den Winkeln, anstatt daß die Begeisterung sie zu Einem Glockenmetall ineinander schmelzen sollte, das die Welt weithin erfreuen könnte mit seinem mächtigen Laut und eine neue morgenrothe Zeit einläuten über Deutschland und Europa.

---

[1]) Eine Gouvernante der Töchter des Freiherrn.

Was meinen Roderich betrifft, so hatte Tieck, der mich mit großer Freundlichkeit empfing, ihn zwar hier und dort gerühmt, in seiner unpraktischen Weise indessen gar nicht daran gedacht, ihn bei der Intendanz wirklich einzureichen. So kam ich denn gerade zu rechter Zeit, um das Versäumte nachzuholen, und habe nun gute Aussichten, wenn gleich durchaus keine Gewißheit, da dennoch Vieles von mancherlei Zufälligkeiten abhängt.

In anderer Beziehung traf ich es mit meiner Reise nicht glücklich; Kugler ist mit seiner Frau zu seinen Aeltern nach Stettin gereist, auch manche andere meiner Freunde sind nicht zur Stelle. Dafür hatte ich freilich destomehr Zeit für alle Geschäftssachen, habe auch bereits mit meinem Buchhändler wegen meiner spanischen Uebersetzungen abgeschlossen, die, wie eine zweite Auflage meiner Gedichte, zum Beginn des nächsten Jahres erscheinen werden.

Und nun schließlich meinen herzlichsten Glückwunsch zu dem 7. September, dem Tage, den Sie als Ihren zweiten Geburtstag festlich zu begehen pflegen, an dem die Schlacht zum zweiten Male Sie feierlich zum Ritter schlug[1]). Möge dieser Tag auch diesmal Ihnen ein

---

[1]) Da der 23. September, der eigentliche Geburtstag Malsburg's, 1824 der Todestag seines einzigen Bruders geworden war, hatte der Freiherr von da an die Feier auf den 7. September verlegt. Dieser Tag war für ihn um so bedeutungs-

fröhliches Jahr beginnen, möge die unverwüstliche Jugend, die in Ihrem ganzen Wesen lebt, noch lange Ihnen treu bleiben, möge Ihnen der Himmel bis in ein spätestes Alter den frischen kühnen Muth zu allem Großen, den Sinn für alles Schöne erhalten und im Kreise Ihrer edlen Familie Ihnen die ungetrübtesten Tage gewähren. Und wie denn jeder auch an sich denkt, so lassen Sie mich den Wunsch hinzufügen, daß Ihr Herz mir auch ferner die alte Theilnahme und Freundschaft, auf die ich mit Recht stolz bin, nicht versagen wolle. — — —".

Diesem Briefe lag das folgende Ghasel bei:

Zum siebenten September 1842.

„Wär' ich Sultan: senden wollt' ich ein Kameel zu
        Deinem Fest,
Und mit seinem Gold belüd' ich's, mit Juwel zu
        Deinem Fest;
Wär' ich König: mit den höchsten Würden überhäuft'
        ich Dich,
Und den schönsten Orden brächte mein Befehl zu
        Deinem Fest;

---

voller, als er an ihm 1812 in der Schlacht an der Moskwa nur wie durch ein Wunder dem Tode entgangen war. Der Druck einer dicht über ihn hinwegsausenden Kanonenkugel hatte ihn vom Pferde gerissen und eine Strecke weit fortgeschleudert, wo er längere Zeit bewußtlos liegen blieb.

Wär' ich Herzog nur von Naxos, wo ich einst so selig
trank,
Schickt' ich Wein vom blauumfloss'nen Archipel zu
Deinem Fest.
O ihr Träume, meine Träume, warum wiegt ihr gar
so leicht!
Weil ich nichts vermag: beinahe säh' ich scheel zu
Deinem Fest.
Aber nein! Doch hab' ich etwas, was Du nicht ver=
schmähen wirst,
Und so schick' ich denn **mein Herz** Dir ohne Hehl zu
Deinem Fest;
Und wie treu es Dir ergeben und wie dankbar Dir es
schlägt
Heut' und immer: das verkünde dies Ghasel zu Deinem
Fest."

5.

Das nachstehende Schreiben berührt zuerst die wiederholten vergeblichen Versuche des Dichters, seinen „König Roderich" an verschiedenen größeren Bühnen, darunter auch der zu Dresden, zur Aufführung zu bringen, und fährt dann fort:

Lübeck, 30. October 1842.

„Mein Aufenthalt in Dresden hat mir eine ange= nehme Erinnerung zurückgelassen. Der schöne stattliche

Ort mit seinen Kirchen und Schlössern, die reizenden waldgekrönten Höhen, die sich in lieblicher Abwechselung über dem stolzen Elbstrom dahinziehen, die schönen Ausblicke auf die mächtigen Felsenhäupter der sächsischen Schweiz, die leise im blauen Dufte der Ferne verschwimmen — dazu der unermeßliche Reichthum ausgesuchter Kunstschätze, und der Verkehr mit Menschen, die ich bei längerer Anwesenheit liebgewinnen könnte — alles das brachte einen überwältigenden Eindruck auf mich hervor, und ich kann nicht läugnen, daß der Wunsch, Dresden möge für die Zukunft einmal mein Aufenthaltsort werden, sich seitdem öfters in meiner Seele geregt hat. — — —

In Lübeck hat sich jetzt der Kammerherr von Rumohr angekauft und niedergelassen, und da der freilich etwas wunderliche aber geistreiche und liebenswürdige Mann mich mit großem Wohlwollen an sich gezogen hat, so hat mein Umgang dadurch eine angenehme Erweiterung gewonnen. Ich muß wöchentlich mehr als einmal den Mittag oder Abend bei ihm zubringen, sein Gespräch ist anziehend und belehrend, und da er gerne redet und ich gerne lerne, so kommen wir vortrefflich mit einander aus. Auch habe ich ihm manche von meinen Arbeiten mittheilen müssen, für die er sich mit Wärme und Einsicht interessirt und die fast immer zu seiner Zufriedenheit ausgefallen waren — — —."

6.

Lübeck, Januar 1843.

"Sie werden denken, ich habe Sie und Escheberg und alle mir erzeigte Liebe und Freundlichkeit vergessen, weil ich so lange nichts von mir hören ließ, und selbst beim Jahreswechsel nicht einmal meinen herzlichsten Glückwunsch sandte. Aber dennoch habe ich gerade in dieser Zeit Ihrer und Ihres ganzen Hauses so viel gedacht, wie nimmer; das Schreiben jedoch schob ich seit drei Wochen auf, weil ich auf die officielle Bestätigung einer Nachricht wartete, welche auch Sie gewiß mit freundlicher Theilnahme aufnehmen werden, da sie für mein ganzes ferneres Leben von entscheidendem Einfluß ist. Vorgestern ist nun jene Bestätigung angelangt, und so darf ich Ihnen denn mittheilen, daß der König von Preußen mir "zur ungehemmteren Fortsetzung einer poetischen Laufbahn" ein Jahrgehalt ausgesetzt hat, das, wenn auch nicht groß, doch hinreichend ist, um mir ein freies und unabhängiges Leben zu sichern. Wie sehr mich dies ganz unerwartet eintretende Ereigniß ergriff und bewegte, mögen Sie sich denken. Ich kann's nicht läugnen, ich war in der letzten Zeit oft befangen und verzagt gewesen; ich hatte, von den Umständen gedrängt, mich mit dem Gedanken vertraut gemacht, die Richtung meines geistigen Lebens, die ich am liebsten verfolgte, gänzlich aufzugeben; denn darüber war ich längst mit mir einig, daß weder in der Wissenschaft noch in der Poesie mit getheilter Kraft irgend ein Platz zu erringen sei; mit innerem Widerstreben hatte ich mich entschlossen, den Roderich als mein letztes Werk anzusehen und im neuen Jahre nur auf dem Felde der Sprachforschung und der fremden Literaturen zu arbeiten — da kommt dieses Glück über mich wie ein Blitz aus heiterem Himmel, wie ein feuriger Wegweiser, der mich auf der liebgewonnenen Bahn vorwärts ruft und mir das zur Pflicht macht, was ich bisher mit gränzenloser Hingebung, wenn auch nicht immer ohne bange Zweifel und Besorgnisse getrieben.

So bin ich denn nun in den Stand gesetzt, ganz Poet zu sein, und, bei Gott, ich will's. Ich will ein redlicher Kämpfer sein in dieser verworrenen Zeit für das, was ich als groß und heilig erkannt habe, will nicht rechts, nicht links sehen, sondern der innersten Ueberzeugung getreu das Schwert des Geistes führen. Ich fühl' es wohl, ich werde einen schweren Stand haben, denn mein Glauben ist nicht der Glauben der Menge, und die Freiheit, die ich verfechte, dünkt vielen eine Thorheit. Aber „Vorwärts" ist mein Wort, und wenn ich auf meinem Wege unterliegen sollte, so will ich wenigstens fallen, wie der Fähnrich, der sich noch blutend in sein Banner hüllt. Das ist mein Gelübde.

Und nun Ihnen, mein lieber hochverehrter Freund, und allen den Ihrigen einen freundlichen Gruß zum neuen Jahre und meinen heißesten Segenswunsch. In der Stunde, da das alte Jahr sich vom neuen schied, in dem Augenblicke, da die zwölf Schläge mit ehernem Schall feierlich vom Thurme durch die lauschende Stille dröhnten, habe ich nach Escheberg gedacht, und mein Becher galt Ihnen und Ihrem Hause. Wie gerne wäre ich da wieder in das kerzenhelle Zimmer getreten und hätte Ihnen Auge in Auge meine innigsten Wünsche für den neubeginnenden Zeitabschnitt ausgesprochen! Es war so schön das vorige Mal.

Wohin ich mich zum Frühjahr wenden werde, ist noch unbestimmt, da jene Huld des Königs durchaus mit keiner Forderung verbunden ist, und mir die Wahl meines Aufenthaltsortes verstattet. Nur so viel ist gewiß, daß ich nicht hier bleibe; am liebsten habe ich bisher an den Rhein gedacht, und wenn Freiligrath den nächsten Sommer wieder in St. Goar zubringen sollte, so könnte das für mich entscheidend werden. Ich suche eine schöne Umgebung und ein Paar Menschen von gleichem Interesse, mit denen ich umgehen könnte. Wohin ich aber auch gehen mag, das lebendige Andenken an die schöne bei Ihnen verlebte Zeit und die dankbare Erinnerung, daß Ihre Güte mir zuerst eine freie und kräftige Entwickelung des Geistes möglich machte, wird mich überall begleiten — — —."

7.

Lübeck, den 16. Febr. 43.

„Wenn ich in meinem letzten Briefe an Sie voraus=
setzte, die günstige Wendung, die mein Schicksal plötzlich
genommen, würde auch Sie zu froher Theilnahme be=
wegen, so hatte ich mich darin nicht getäuscht; Ihr
liebevolles Schreiben vom 25. vor. Monats, für welches
ich Ihnen meinen wärmsten Dank sage, ließ mich deut=
lich erkennen, wie Sie in Ihrem Herzen noch immer
ein Plätzchen für mich übrig haben, ein Plätzchen, dessen
Besitz mich mit freudigem Stolze erfüllt.

Wie lieb ist es mir, daß auch Ihnen meine Absicht
zusagt, fürs Erste, wenigstens für den künftigen Sommer,
meine Wohnung am Rheine aufzuschlagen. Dort zwischen
Burgen und Rebenhügeln, zwischen dunkeln Felswänden
und hellen sonnigen Städtchen voll Glockengeläut muß
sich schon leben und dichten lassen; mein Herz wird groß
vor Sehnsucht, wenn ich nur daran denke, und je näher
die Zeit der Erfüllung heranrückt, desto unruhiger und
ungeduldiger strebt mein Sinn in die Ferne. Ich habe
sonst den Winter stets gerne gehabt mit seinen langen
geselligen Abenden, mit seinen freundlichen Dämmer=
stunden voll Vertraulichkeit und Märchenlust; aber dies
Jahr will mir der Schnee nicht gefallen; er brennt mir
unter den Füßen und ich möchte auf die erste beste
Höhe steigen und die Schwalben rufen und die Schnee=

glöckchen, und den lustigen Frühling selbst, daß sie bald, bald kämen.

Ich habe leider in dem letzten halben Jahre viele Zeit verloren, theils weil der innere Kampf zwischen dem Drange des poetischen Berufes und mancherlei allzupeinliche Gegenvorstellungen des Verstandes und des Gewissens mir auf die Länge die ruhige Heiterkeit versagten, aus welcher jede größere poetische Schöpfung hervorgehen muß; theils weil meine Lübecker Verhältnisse gar zu wenig Aufforderung und Ermunterung zu dichterischen Versuchen mit sich brachten. So hab' ich auch nur hin und wieder ein kürzeres Gedicht hinwerfen können — nun, ich will's am Rhein redlich nachholen.

Was Sie mir über die Richtung meiner Gedichte schreiben, hat seine Richtigkeit. Ich bin auch versucht zu glauben, daß das Kräftige hauptsächlich mit mein Fach sei. Aber dennoch müßte ich kein Dichter sein, wenn ich mich deshalb dieser Richtung ausschließlich hingeben wollte. Es ist zwar in der neuesten Zeit sogar von ganz tüchtigen Kritikern behauptet worden, nur die politische Lyrik, nur der poetische Kampf für bestimmte Tendenzen der Zeit habe Werth; aber eben diese Behauptungen haben mir bewiesen, wie wenig diese Herrn das Wesen der Poesie begriffen haben. Der Dichter soll vor allen Dingen ein ganzer Mensch sein; und so gehört allerdings ein gutes Stück seines Herzens seinem Vaterlande und dem Streben und Ringen seiner Zeit;

aber darum soll nicht ausgeschlossen sein, was ihn sonst rührt und bewegt: seine innersten Freuden und Schmerzen, seine Anschauungen der Natur in ihrem Blühen und Welken, seine eigenthümlichsten Neigungen und Abneigungen. Erst der Gegensatz, erst die wechselnde Verbindung gibt dem Ganzen seinen Reiz. Die rothe Nelke ist gewiß eine schöne Blume, aber möchten Sie einen Kranz von rothen Nelken ohne Grün, ohne andere Farben dazwischen? Ein Dichter, der nur der Politik huldigt, kommt mir vor, wie ein Geigenspieler, der alle Saiten seines Instruments bis auf eine einzige abgeschnitten hat, und nun auf dieser allein sich hören läßt. Herwegh hat sie freilich wie ein Paganini gespielt, aber ich fürchte auch, es ist bald zu Ende mit seinen Melodien. — Darum lassen Sie mich immerhin allen Kritikern zum Trotze auch hin und wieder in den alten sanfteren Weisen singen — das Meer im Sturm ist nur um so großartiger und gewaltiger, je stiller und heiterer es vorher blaute und das Licht des Mondes wiederspiegelte und die Sterne des Himmels. — Meine Gedichte und die Zeitstimmen, beide in zweiter stark vermehrter Auflage, sowie die Uebersetzungen aus dem Spanischen erscheinen zur Ostermesse und sind bereits längst im Druck — — —."

8.

St. Goar, 6ten Juni 1843.

Wie soll ich Ihnen meinen Schmerz aussprechen über das unglückliche Zusammentreffen von Umständen, welches mir die längstersehnte Freude raubte, Sie wieder einmal von Angesicht zu Angesicht zu begrüßen. Am 24. Mai Morgens reisten Sie von St. Goar ab; am 24. Abends kam ich an, nicht ahnend, daß wir uns so nahe gewesen, und erst aus den Erzählungen meines Freundes Freiligrath erfahrend, welch ein Wiedersehen ich durch meinen verlängerten Aufenthalt zu Bonn verscherzt habe. Es ward mir schwer, mich darüber zufrieden zu geben. Ihren Brief durch Herrn Lange, dessen Sie in Ihren bei Freiligrath gütigst für mich zurückgelassenen Zeilen erwähnen, habe ich leider weder in Lübeck noch hieher nachgesandt erhalten, und kann Ihnen deshalb auf keine der in demselben gestellten Fragen Antwort geben.

Wie gerne ich auf meiner Reise hieher den Weg über Escheberg genommen hätte, brauche ich Ihnen nicht zu sagen. Allein bei der nahe bevorstehenden Einsegnung Ihrer beiden jungen Damen mußte ich jeden Besuch, jede Störung oder Aufregung für unpassend und übel angebracht halten, und so beschied ich mich und fuhr an den ferne winkenden Bergen des Habichtswaldes vorüber, Tag und Nacht durch, bis der breite Spiegel

des Rheins in der Morgensonne schimmernd vor mir
lag. In Bonn blieb ich ein Paar Wochen, leider **Einen
Tag zu lang**; vorher hatte ich nur in Hamburg und
Bremen längere Rast genommen.

 Jetzt bin ich hier schon eingelebt und fühle mich
wohl und frisch in der neuen Umgebung. An Freiligrath habe ich einen Freund gefunden, wie ich ihn
brauchte, offen für alle meine Interessen, von poetischem
Geiste, liebevollem Herzen und ehrenhafter Gesinnung.
Ich weiß recht wohl, daß Neider und Buben sich in
der letzten Zeit nicht wenig bemüht haben, ihn bei dem
Publikum zu verdächtigen; und ich selbst will nicht läugnen, daß er einen übereilten Schritt gethan hat[1]). Aber
einen Menschen, von dem wir sonst nur Gutes und
Edles wissen, auf dessen Leben und Wirken noch kein
Flecken zu bringen war, wegen einer einzigen solchen
Übereilung (die ich noch dazu für sehr verzeihlich halte,
denn **wie** hatte Herwegh in seinem trunkenen Uebermuth dazu herausgefordert!) ohne weiteres zu verdammen und zu brandmarken, das zeugt entweder von par-
theiischer Verblendung, oder von eigener innerer Klein-
lichkeit und Gemeinheit, die sich hämisch daran freut,

---

[1]) Der poetische „**Brief**" Freiligrath's an Herwegh ist
gemeint, der im Januar 1843 erschien und das Verhalten des
„Lebendigen" gegen König Friedrich Wilhelm IV. von Preußen
in schärfster Weise geißelte.

nun auch an einem gesunden Körper einmal einen wunden Fleck zu finden. Dem guten, dummen, immer bestimmbaren Publikum, welches die in hundert Blättern ausgesprengten Redensarten papagayenhaft nachplappert, verzeih' ichs gern; es ist ja leider einmal nicht anders; aber jene Tagblattschriftsteller, die es versuchten, einen ganzen Mann wie Freiligrath mit in ihren Sumpf hinabzuziehn, die sich nicht scheuten, ihm die schmutzigsten Motive unterzuschieben, verdienen nichts anders, als die innigste Verachtung jedes frei und edeldenkenden Mannes. Glauben Sie nicht, daß ich partheiisch bin, ich habe so gesprochen, als ich Freiligrath noch nicht persönlich kannte, und würde eben so sprechen, wenn die Sache umgekehrt läge und man mir Herwegh's persönlichen Charakter verdächtigen wollte.

Doch wohin gerath' ich! Ich schreibe ja glücklicherweise für keine Literaturzeitung; und Sie haben sich den Mann ja auch selbst angesehn, und werden seine ungeheuchelte Herzlichkeit, sein offenes und freies Wesen auch an dem Einen Tage liebgewonnen haben. Daß Sie mir bei ihm und bei seiner feinen, angenehmen Frau ein so unverdient gutes Zeugniß ausgestellt, dafür meinen herzlichsten Dank, sowie noch mehr für Ihre freundlichen Bemühungen wegen des Roderich bei Herrn v. Dalwigk. Doch möcht' ich erst einmal die Darmstädter Bühne sehen, und freilich wär' es dann das Beste, wenn ich dem Intendanten das Stück selbst lesen könnte. Wir,

d. h. Freiligrath, seine Frau und ich vor Allem harren mit Sehnsucht Ihrer baldigen Wiederkunft an den Rhein. Ich blicke nach jedem Dämpfer aus, ob kein Kammerherr heraussteigen wird. Der Weg ist ja jetzt so leicht zurückgelegt. Darum lassen Sie nicht zu lange auf sich warten! — — —"

9.

St. Goar, den 3. Sept. 1843.

"Unter dem frohen und lieben Kreise der Glückwünschenden, welcher Sie am 7. September, als am selbstgewählten Feiertage, freudig umringen wird, möchte ich auch diesmal nicht fehlen, obwohl ich, bereits mit dem Einpacken für eine süddeutsche Reise[1]) beschäftigt, mich nur mit wenigen Zeilen vertreten kann. Möge Ihnen auch dies Jahr ein Jahr des inneren und äußeren Segens, ein Jahr des rüstigen Schaffens und Gelingens, ein Jahr der befriedigten Ruhe im Kreise der Ihrigen werden, so daß Sie am Schlusse desselben mit heiterem Blick in die Vergangenheit, mit hoffnungsvollem in die Zukunft schauen.

Man erzählt in alten Sagen, daß vor Zeiten bei solchen Festen die Fee des nahen Waldes, von silbernen

---

[1]) Er folgte der Einladung nach Weinsberg zu Justinus Kerner, den er am Rhein kennen gelernt hatte.

Schleiern umwallt, in die von Gästen erfüllte Halle
getreten sei, und Pforten und Fensterflügel mit weißer
Hand berührend, einen Segen darüber ausgesprochen
habe, daß nichts Unheiliges durch sie Einlaß finden
möge. Leider sind jetzt die Feen verschwunden, sei es,
weil wir so außerordentlich aufgeklärt und vernünftig
geworden sind, daß die zarten poetischen Naturen sich
vor uns fürchten, sei es daß vom vielen Stubenhocken
und Bücherlesen unsere Augen so sich abstumpften, daß
wir den durchsichtigen Elfenleib nicht mehr gewahren
können — genug, sie sind verschwunden und nur die
Dichter hören noch zuweilen in süßen Träumen den
Saum ihres Silbergewandes rauschen.

Mein Glückwunsch aber möchte heute die Stelle
eines solchen Zauberweibes vertreten; lassen Sie ihn
gewähren und seinen Spruch thun über die Schwelle
Ihres Hauses:

„Euch, ihr guten Geister, wink' ich allen,
Tretet ein in dieses Schlosses Hallen!

Kommt, herangelockt von meinem Liede,
Hoffnung, Liebe, stiller Herzensfriede.

Schwinge dich vom Himmel, frommer Glaube,
Nist' auf der Kapell' als weiße Taube.

Tritt herein, o Mitleid, hold Erbarmen,
Schönster Segen ist der Dank des Armen.

Komm, Gesundheit, jede Stirne küsse,
Jede Wange, daß sie blühen müsse.

Aber mit den guten, mit den frommen
Dürfen auch die muntern Geister kommen.

Witz und Scherz im Kleid von bunten Lappen,
Laßt erklingen eure Schellenkappen,

Sollt den Winterabend froh verkürzen,
Sollt das Mahl mit euren Sprüngen würzen;

Sollt, wenn hell des Festes Kerzen glänzen,
Zur Musik den goldnen Wein kredenzen.

Einzig jene, welche Unfug treiben,
Jene Geister sollen draußen bleiben:

Krankheit, die den Leib mit Schmerzen kettet,
Sorge, die den Müden schlaflos bettet;

Mißverständniß, das da Zwiespalt stiftet,
Mißmuth, der den Trunk im Glas vergiftet;

Zorn, der Schlimmes thut in blinder Eile,
Und der Thorheit Mutter: Langeweile.

Weicht, ihr finstern Geister von den Schwellen,
Aber segnend zieht herein ihr hellen;

Zieht herein und füllet diese Hallen,
Gott zum Ruhm', den Menschen zum Gefallen.

Also sprech' ich meinen Zauber leise,
Gib, o Herr, daß er sich stark beweise!"

Der folgende Brief ist an Frau von Heintze, die Schwiegermutter Malsburg's, gerichtet.

10.
Stuttgart, 18. October 1843.

„Ich kann den heutigen Tag[1]), an dem ich Ihrer und Eschebergs so viel gedenke, nicht vorübergehen lassen, ohne Ihnen und den Ihrigen meinen herzlichsten Gruß zu senden und Ihnen für die freundlichen Zeilen zu danken, welche Sie nach Weinsberg an mich richteten. Seit ich Ihnen zum letzten Male schrieb, hatte ich eine schöne Zeit verlebt. Meine Reise nach Weinsberg, die mich den Rhein hinauf und dann über Frankfurt, Darmstadt und Karlsruhe führte, ward mir durch das herrliche Wetter und mehr noch durch das Zusammentreffen mit alten und neuen Freunden doppelt genußreich. Wie schwelgte ich in diesen sonnig frischen, in Blau und Gold zerfließenden Herbsttagen, die mir so lebhaft die schöne Septemberzeit des Jahres 1841 ins Gedächtniß riefen; wie that es mir wohl, mit Freunden, die ich seit Jahren nicht gesehn, endlich wieder Auge in Auge die Gedanken austauschen zu können! Aber auch das war mir eine Freude, daß sich mir, wohin ich kam, die Thüren und Herzen willig aufthaten und daß

---

[1]) Seinen eigenen Geburtstag.

man mich überall, auch in bisher mir unbekannten Kreisen, gerne willkommen hieß.

In Frankfurt brachte ich in der Gesellschaft meines Freundes Adolf von Schack und im Hause des Legationsraths von Sybow ein paar angenehme Tage hin, auch lernte ich den Maler Lessing persönlich kennen; zu Darmstadt fand ich Levin Schücking wieder, der jetzt vor wenigen Tagen wirklich Hochzeit gehalten hat, auch verständigte ich mich mit Duller ganz wohl und lernte in dem Intendanten Herrn von Dalwigk einen recht wohlwollenden Mann kennen; in Karlsruhe besuchte ich den Obersten von Radowitz, der mich mit der größten Zuvorkommenheit aufnahm und mich in seinen liebenswürdigen Familienkreis einführte[1].

So kam ich endlich nach Weinsberg, das, anmuthig zwischen Waldhöhen und Rebenhügeln gelegen, schon von außen den freundlichsten Eindruck hervorbringen mußte. Daß ich auf das Herzlichste empfangen wurde, brauche ich bei Kerner's bekannter Umgänglichkeit und Gastlichkeit wohl kaum hinzuzufügen. Man wies mir ein freundliches Gartenhäuschen zur Wohnung an, ein traulich behagliches Gemach, in welches die Morgensonne durch das dichte grüne Weinlaub am Fenster golden hereinleuchtete. Ich war unter den lieben Leuten

---

[1] Radowitz war damals preußischer Gesandter am badischen Hofe, *später in Athen.*

bald wie zu Hause, Kerner lehnte sich an mich, wie an einen Sohn, ich mußte ihn Du nennen, er hatte eine eigene Freude an meinen neuesten Liedern, das Alles that mir unbeschreiblich wohl[1]). In dem ganzen Hause athmet ein Geist der Redlichkeit, Freundlichkeit und Milde, der jeden Neuhereintretenden anziehen und fesseln muß; es ist eine selige Zurückgezogenheit, ein friedliches Eiland, wo die Menschen stille fortwandeln, wo die Blumen im Garten ruhig fortblühen, noch unberührt von dem Sturme der jungen Zeit, der hoch über ihren Häuptern brausend dahin fährt, und von dem nur dann und wann ein leises Säuseln bis zu ihnen herabkommt. Sie muß schön gewesen sein, die alte Zeit, da die Dichter noch alle so lebten, so leben durften; es war mir manchmal, als wolle mir ein Heimweh nach ihr durch die Brust ziehn. Aber nein! Ich bin zu jung, um mich so aus der Welt zu flüchten, ich muß in den Kämpfen unserer Tage stehn und frisch in Wind und Wetter hinein. Eben deswegen aber kann ich von Kerner alles Mögliche lernen, nur nicht jene mir von Ihnen, wie es scheint, dringend anempfohlene Milde, da

---

[1]) Kerner schrieb am 30. October 1843 an Karl Mayer: „Der junge herrliche Dichter Geibel war vier Wochen bei mir, was mir sehr lieb war. Er bleibt den Winter über in Stuttgart und wird wohl auch nach Tübingen kommen. Er ist sehr lieb und reich an herrlicher Poesie."

diese eben nur auf dem Boden einer solchen Zurück=
gezogenheit von dem Ringen und Drängen der Zeit ge=
deihen kann. Mißverstehen Sie mich nicht! Der Person
gegenüber werde ich mich stets hüten, irgendwie zu
richten und zu verdammen; schon das Gefühl der eigenen
Schwäche und Sündhaftigkeit wird mich, so Gott will,
davor bewahren; aber wo es die Sache gilt, wo es sich
um Recht und Unrecht, um heilige unveräußerliche Ueber=
zeugungen handelt, da darf ich Niemandem zu Gefallen
auch nur einen Fuß breit nachgeben und der Kampf
muß seinen Gang gehen. Es gibt Zeiten, wo bei ur=
sprünglich weichen Charakteren Festigkeit und Unbeug=
samkeit zu Tugenden werden, und unsere Zeit ist eine
solche. —

Den 19.

Sie verlangen von mir ein Glaubensbekenntniß in
Bezug auf das Eingreifen der unsichtbaren Welt in unsere
körperliche. Das ist eine schwierige Frage, zu deren Be=
antwortung ich weder durch reiche Erfahrungen noch durch
längeres Studium der dahin gehörigen Gegenstände be=
fähigt bin. Ohnedies ist das Feld gar weit; gehört
doch das ganze große Gebiet der Ahnungen, der bedeu=
tungsvollen Träume, der prophetischen Gesichter, der
Wunder des Magnetismus mit hieher.

Die Rationalisten und Aufklärungsmänner haben
sich unstreitig die Sache am leichtesten gemacht, indem

sie von vorn herein Alles, was in dies Fach schlug, schlechthin verneinten und für leere Phantastereien erklärten; ihre Gegenfüßler, ich möchte sie die medicinischen Romantiker nennen (und zu diesen muß ich wohl auch Kerner zählen), haben dagegen wohl mit allzugroßem Fleiß und vielleicht nicht immer mit ruhiger Kritik, ja nicht ohne ein gewisses Behagen am Wunderbaren und Wunderlichen die betreffenden Erscheinungen aufgesucht, zusammengestellt und sich aus einer Reihe beglaubigter und unbeglaubigter Fälle ein System abgezogen, mit dessen Anwendung sie jetzt rasch bei der Hand sind. Ich für mein Theil kann mich keiner dieser beiden Richtungen anschließen. Schlechthin zu läugnen, wo eine Menge Thatsachen vorliegen, bloß aus dem Grunde, weil wir nicht begreifen, würde mir Thorheit und gemeiner Unglaube scheinen; den dunkeln Vorhang aber lüften zu wollen und gewaltsam in ein unsern Augen gnädig verhülltes Reich einzudringen, däucht mich — wenigstens für meine Person — Vermessenheit. Mir bleibt nichts übrig, als die Sache hingestellt sein zu lassen. Daß es wunderbare Ahnungen und Träume gibt, daß in magnetischem Zustande ein wirkliches Hellsehen eintreten kann, das ist uns verbürgt; daß die Schatten Abgeschiedener in sichtbarer Gestalt hin und wieder lebenden Menschen nahe getreten sind, wird uns von glaubwürdigen Leuten versichert — warum sollten wir das Letztere ohne weiteres als Lug und Trug verneinen, wenn wir das Erstere, ebenso Unbegreifliche, zugeben müssen? Ich sehe das nicht ein und gebe darum im Allgemeinen die Möglichkeit solcher Erscheinungen zu. Weil wir aber zugleich wissen, daß eine Menge sogenannter Geistergeschichten theils auf wissenschaftlichem Betrug, theils auf unbewußter Täuschung beruhten, so halte ich es für Pflicht, bei jedem einzelnen Falle so lange als möglich zu zweifeln und zu forschen. Glücklich aber in jedem Falle Derjenige, in dessen Wege ein gütiges Geschick solche Abweichungen von dem gewöhnlichen Gange der Natur nicht hereintreten läßt. Wer möchte sie auch suchen!

Aber über den Geistern und Gespenstern hätte ich beinahe vergessen, Ihnen zu erzählen, wie ich nach Stuttgart gekommen bin. Ich habe Ihnen, wie ich glaube, schon in Escheberg viel von meinem Freunde Röse[1]) gesagt. Dieser, der jetzt in Stuttgart wohnt, kam eines Tages in Weinsberg an und wußte so lange in mich zu bringen, bis ich ihm einen Besuch in Stuttgart versprach. Als ich nach 8 Tagen hier eintraf, hatte er mir eine freundliche und sonnige Wohnung, ein größeres Zimmer mit anstoßender Schlafkammer allerliebst und

---

[1]) Ferdinand Röse, ein Lübecker Schulfreund Emanuel's, der auch als Dichter sich versuchte. In Chamisso's Musenalmanach für 1834 hatten beide Freunde gleichzeitig ihre ersten Gedichte veröffentlicht, Geibel unter dem Pseudonym L. Horst.

ganz nach meinem Geschmack ausgesucht und eingerichtet. Da das Haus ziemlich am Ende der Stadt liegt, so sehen die Fenster auf eine Reihe freundlicher Gärten, hinter denen in gemessener Ferne die waldigen Berge emporsteigen. So lebe ich hier wie auf dem Lande und genieße doch dabei die Vortheile der Residenz. Umgang mit bedeutenden Männern, Theater, Concerte, das gibt meinem ganzen Wesen eine ruhige Heiterkeit; ich habe Muße und Stille und entbehre dabei der geistigen Anregung und des freundschaftlichen Verkehrs nicht. Mir ist hier wohl, ich kann hier arbeiten, warum sollt' ich mich übereilen fortzugehen! — — Empfehlen Sie mich dem Herrn Kammerherrn, grüßen Sie die jungen Damen und die Knaben auf das Beste. Jettchens Geburtstag[1]) habe ich in der Ferne still mitgefeiert; als ich an dem frischen klaren Herbstmorgen zwischen den hohen Georginenreihen im Kerner'schen Garten auf und niederging, waren alle meine Gedanken jenseits der Berge bei Ihnen und ich sandte meine besten Segenswünsche aus. Möchten sie eine gute Stätte gefunden haben! — — —"

11.
Stuttgart, den 1. Jan. 1844.

„Lassen Sie mich, hochverehrter Herr Kammerherr, meinen Dank für Ihre freundlichen und ausführlichen

---

[1]) Henriette von der Malsburg war am 24. September jenes Jahres sechzehn Jahre alt geworden.

Mittheilungen heute als am Neujahrsmorgen mit den aufrichtigsten Wünschen für Ihr und Ihres Hauses Glück verbinden, und so eine Schuld, die noch vom alten Jahre her stand, abtragen, indem ich zugleich eine der ersten und angenehmsten Pflichten erfülle, welche mein Herz mir im neuen auferlegt. — Wie innig erfreut es mich, daß ich bei Ihnen noch nicht in Vergessenheit gerathen bin, daß Sie im Kreise Ihrer Familie auch an meinem Geburtstage meiner gedachten! Aber seien Sie versichert, daß auch mir kein festlicher Tag, ja ich darf wohl sagen, keine schöne Stunde vorübergeht, wo meine Gedanken nicht den Flug hinübernehmen zu Ihnen und das Schloß im Walde grüßen und alle die wohlbekannten liebgewordenen Stellen. — Aber jetzt lassen Sie mich erzählen. — Ich bin noch immer in Stuttgart und, welch ein seltsames ausschließendes Völkchen die Schwaben auch sein mögen, namentlich in den Mittelständen: es läßt sich doch recht wohl unter ihnen leben. Ich habe hier was man nennt: in der Gesellschaft Glück gemacht. Durch eine Vorlesung des Roderich bei der Prinzessin Marie, Tochter des Königs[1]), wurde ich in die höheren Cirkel eingeführt; auch den Kronprinzen sah ich, bis er nach Italien abreiste, öfters in engerem Kreise. In kurzem war ich genöthigt, die meisten Salons zu besuchen, die Bälle — obwohl ich nirgends tanzte —

---

[1]) Gemahlin des Grafen Alfred Neipperg.

mitzumachen und an allerlei ausgesuchten Festlichkeiten theilzunehmen; allein, so leicht und ungezwungen ich mich bald in dieser Sphäre der Geselligkeit bewegte, so kann ich doch nicht läugnen, daß ich meine stillen vier Wände stets mit jenem eigenthümlich freudigen Gefühle wieder begrüßte, welches mich einst erfüllte, wenn ich, mit Ihnen von den Casseler Lustbarkeiten zurückkehrend, die hohen Pappeln am Escheberger Teiche wiedersah.

Daß ich auf diese Weise eine Menge neuer Bekanntschaften machen mußte, werden Sie leicht denken. Doch fand ich wenig Leute, an die ich mich inniger hätte anschließen mögen. Selbst zwischen Dingelstedt und mir, so häufig wir uns sehen und so gut wir miteinander stehen, konnte ein freundschaftliches Verhältniß nicht gedeihen. Unsere Naturen, unsere Richtungen sind zu verschieden. Er ist ein Mensch von glänzenden Gaben, geistreich, leicht beweglich, voll feinen Sinns für die schöne Form, dabei, wenn ihn die böse Laune nicht plagt, angenehm und liebenswürdig in der Unterhaltung. Aber selten weiß ich, wie weit es ihm eigentlich Ernst ist; er spielt mit Allem und glaubt an seine eigene Poesie nicht.

Was mich selbst betrifft, so habe ich meine Stuttgarter Zeit wohl benutzt. Ich habe viel gearbeitet, wenn auch nicht lauter poetische Dinge; namentlich habe ich mich in meinen politischen und religiösen Ansichten zu immer größerer Klarheit durchgerungen. Ich habe erkannt, daß im Staat wie in der Kirche, im Verkehr wie in Kunst und Wissenschaft dieselben Kräfte wirken, dieselben einfachen Grundgesetze gelten, nach denen die Welt sich bewegt, das Leben sich entwickelt. Darum fühle ich deutlich, wo wir hinausmüssen, und werde auf meinem Wege rüstig und ruhig fortschreiten, weder gestört durch die ungerechten Angriffe einer ästhetischen Splitterrichterei und eines politischen Radikalismus, noch eitel und hoffärtig gemacht durch die übertriebenen Lobeserhebungen mancher Freunde, die von den Blüthen reden, als ob sie schon Früchte wären. Hält meine Gesundheit aber nur noch zehn Jahre vor, so hoffe ich allerdings noch etwas zu leisten, was der Mühe werth sein soll. —

Im November war Liszt hier, der dämonische Pianist, der durch sein Spiel alle Herzen gewaltsam fortreißt. Ich bin sonst kein Freund der Virtuosenschwärmerei, aber als ich ihn hörte, lernte ich diejenigen entschuldigen, die über seinen Vortrag fast des Componisten vergessen. Er ist durch und durch Poet, und die poetische Auffassung aller Musikstücke, nicht die technische Fertigkeit ist es, was die Menge unbewußt bezaubert. Bald lernte ich ihn persönlich kennen, und mußte, wie ich vorher den Künstler bewundert hatte, nun den genialen Menschen hochschätzen. Ich erinnere mich mehrerer Abende, wo er wirklich von Geist sprudelte. An Schillers Geburtstage waren wir in kleiner aber ausgesuchter Gesellschaft beisammen. Bald war die lebendigste Unter-

haltung im Gange; die Worte flogen herüber und hin=
über, ein blitzender Trinkspruch folgte dem andern; der
Champagner schäumte und zischte dazwischen. Da plötz=
lich sprang Liszt von der Tafel auf und ließ auf dem
Flügel Don Juans Champagnerlied daherbrausen. Es
war als ob er, ein Zauberer, alle Dämonen muth=
willigen Jubels losgelassen hätte, wir glaubten den
tönenden Flügelschlag eines trunkenen Elfenreigens in
der Luft zu vernehmen, ein Rausch der Freude kam
über uns alle. Der Kronprinz ließ Noten holen, es
wurde gesungen. Er selbst sang meinen Zigeunerbuben,
Liszt accompagnirte. Ich werde mein Lied wohl in
ähnlicher Weise nicht wieder hören. — Wenige Tage
darauf ward ein Ausflug nach Heilbronn veranstaltet,
wo Liszt den Abend Concert geben sollte. Wir fuhren
alle in einem großen vierspännigen Omnibus; die
Prinzen von Hohenlohe, Graf Neipperg, der Schwieger=
sohn des Königs, Liszt, Dingelstedt und ich. Nach dem
Concert war ein Abendessen veranstaltet, an dem außer
uns auch Justinus Kerner und Strauß mit ihren Frauen
Theil nahmen. Fürwahr eine bunte Gesellschaft. Doch
genug davon! — — —."

Zu Ende Februar 1844 erbat und erhielt Geibel
die Erlaubniß, auf seiner Heimreise nach Lübeck
nochmals Escheberg besuchen zu dürfen. Malsburg
und die Seinen empfingen ihn mit gewohnter Liebens=

würdigkeit. Der Aufenthalt war diesmal nur ein kurzer. Bei dem Abschiedsfeste am 28. Februar, das der Freiherr dem Gaste zu Ehren veranstaltete, gab dieser den Gefühlen des Dankes für alles Gute und Liebe, das ihm jetzt und früher im Schlosse erwiesen worden war, in dem allerliebsten Gedichte Ausdruck:

„Wer das sonn'ge Meer hinburch
Kommt zu Naxos' Fels geschwommen —"

Das Lied schloß mit den Versen:

„Habe hier an Deinem Tisch
Frohen Muthes oft gesessen
Und bei Deinem Weine frisch
Allen alten Harms vergessen.
Manch ein froher Freudenklang
Ist in meiner Brust erklungen,
Und das Beste, was ich sang,
Hab' ich hier im Haus gesungen.
Traun, so gern, bevor ich schied,
Brächt' ich meinen Dank zur Stelle,
Und so werf' ich denn dies Lied
Dir als Ros' auf Deine Schwelle."

Erst vor wenigen Jahren ist das Gedicht in der Oeffentlichkeit bekannt geworden.

Der nächste Brief des Dichters, in Lübeck geschrieben, ist ohne Datum, muß aber, seinem Inhalte nach zu schließen, im Anfange des Sommers 1844 abgefaßt sein. Nach einigen freundschaftlichen Mittheilungen, die er im Auftrage seines Vaters dem Kammerherrn macht, heißt es:

12.

"Jetzt auch ein paar Worte von mir. Von Cassel reiste ich, wie Sie wissen, gerade auf Berlin. Dort ward ich überall mit offenen Armen aufgenommen; der König empfing mich auf das huldreichste, die Salons der Minister öffneten sich mir, die Wogen des geselligen Lebens schlugen hoch an meine Brust und drohten mich fast zu verschlingen. Das war ein ewiges Hin= und Hertreiben aus einem glänzenden Kreise in den andern. Man sagte mir, daß man mich in Berlin zu fesseln wünsche, man bot mir eine Stellung, die ich aber für diesmal noch ausschlug und für die ich einen auswärtigen Freund mit Erfolg empfahl. Sie kennen meine Natur und wissen, daß ich auch gerne einmal für ein paar Tage im vollen Strudel des Lebens umhertreibe, daß aber dann die Sehnsucht nach friedlicher Stille mit Macht in mir lebendig wird. So geschah's auch in Berlin und ich folgte deshalb nach einem vierwöchentlichen Aufenthalte mit Freuden der bringenden Einladung eines Freundes, des Hofraths Schöll, nach Weimar. Aber auch dort sollte ich nicht zur Ruhe kommen. Schöll sagte mir, er habe mich halb und halb im Auftrage des

Erbgroßherzogs nach Weimar gefordert, da dieser mehrfach die Aeußerung gethan, daß er mich kennen zu lernen wünsche. So mußte ich schon am zweiten Tage wieder zu Hofe und mich dem Erbgroßherzog vorstellen lassen, einem liebenswürdigen etwa sechsundzwanzigjährigen Manne. Er unterhielt sich sehr freundlich mit mir, führte mich darauf selbst im Schlosse umher und zeigte mir die Frescogemälde und die übrigen Merkwürdigkeiten der fürstlichen Wohnung. Am nächsten Morgen schickte er mir seine Equipage und ließ mich nach seinem Jagdschlosse Ettersburg bringen, demselben, wo einst Goethe und Schiller mit seinem Großvater gehaust. Später kam er selbst nach und von nun an mußte ich fast jeden Abend mit ihm zubringen. Auch der Großherzogin, seiner Mutter, und seiner liebenswürdigen Gemahlin, einer Prinzessin von Holland, wurde ich vorgestellt. Ich mußte ihnen vorlesen und erzählen und nicht selten ging die Unterhaltung zu vertraulichem Scherze über. Der Erbgroßherzog sprach den dringenden Wunsch aus, mich künftig für immer in Weimar zu sehen — nun, werde daraus was werden will, ich habe nicht Ja und nicht Nein gesagt. Nachdem ich drittehalb Wochen in der alten Stadt der Musen verlebt, kehrte ich nach Berlin zurück. Aber da fing der Frühling eben an, die blauen Augen hell aufzuschlagen und mit Sonnenschein und Blüthen zu winken und zu locken. Ich war der ewigen Geselligkeit satt; der Poet siegte über den Politiker und eines schönen Morgens saß ich zu Potsdam auf dem Dampfschiff und fuhr die blaue Havel hinunter, der Elbe zu. Am folgenden Tage war ich in Hamburg, von dort ging es nach Lübeck. Hier habe ich mir eine stille Wohnung vor dem Thore gemiethet. Außer meiner Familie und Nöltings sehe ich Niemand: aber die tiefe Stille, der leise hinwandelnde Sonnenschein, das Grünen und Rauschen der Bäume umher thut mir unbeschreiblich wohl. Ich arbeite viel; eine große Tragödie ist begonnen[1]), auch die lyrische Ader quillt wieder reich; außerdem ist schon manches Gelegentliche in Ernst und Scherz entstanden. Ich fühle mich glücklich und zufrieden und trage keine anderen Wünsche mehr als einmal als Dichter noch etwas Großes hervorzubringen. Wenigstens halte ich das für die Hauptaufgabe meines Lebens — —."

In der Correspondenz tritt jetzt eine längere Unterbrechung ein. Das nächste Schreiben, aus dem ich nach gütigst ertheilter Erlaubniß hier Mittheilungen machen kann, ist an eine der Damen der Malsburgischen Familie gerichtet und eine Antwort

---

[1]) Wohl die Albigenser. Doch wurde nur ihr Vorspiel unter dem Titel „Die Jagd von Beziers" vollendet.

des Dichters auf einen nicht lange vorher empfangenen Brief.

13.

Berlin, 6. Januar 1847.

„— — — Ich kann Ihnen kein so freundlich stilles Bild zeichnen, wie Sie es mir von Ihrem Leben mit wenigen Strichen entwarfen. Sie haben Ihr Lebensschiff in eine friedliche Bucht gesteuert, das meine treibt noch auf dem hohen Meere, wo der Sturm losgelassen ist und die Wogen hoch gehen. Es ist schön, ein Dichter sein, aber es ist schwer, unendlich schwer; und doch fühle ich es jeden Tag deutlicher, daß ich nie von dem Berufe lassen kann, denn er hat mich, nicht ich ihn erwählt. Aber denken Sie sich ein Gemüth voll vielseitiger Empfänglichkeit, voll inniger rastloser Sehnsucht, voll verhaltenen Feuers, wie das Gemüth jedes echten Poeten es sein muß, denken Sie sich das im wechselnden Verkehr mit Tausenden, einsam hineingerissen in den Strudel blendender Geselligkeit, bewegt und durchschüttert von den Pulsschlägen der Zeit, bezaubert von dem Glanze, abgestoßen von der Hohlheit neuer sich vor ihm aufschließender Lebenssphären, heute in kühner Jugendlust aufjauchzend, morgen durch bittere Enttäuschung gekränkt, und fühlen Sie dann mit mir, wie schwer es sein muß, in diesem hastig stürmischen Leben, in all der blühenden Verworrenheit immer das rechte Gleichgewicht zu bewahren, immer rein von Eitelkeit und Sinnlichkeit, frei von Selbstbetrug, Uebermuth und Verzagtheit zu bleiben.

Daß trotzdem mein Ziel ein großes und schönes ist, daß ich mit Ernst darnach ringe, daß ich die Arme immer wieder nach der göttlichen Gnade emporstrecke, von der allein der Segen kommt, das wissen Sie. So ist all mein Leben Kampf und Sehnsucht; oft wird mir schwül und müde, und ich meine fast zu erliegen; aber dann säuselt es plötzlich wieder kühl und frisch, wie ein himmlisch Erbarmen um meine Schläfe, eine unendliche Siegeshoffnung strömt in mein Herz; ich fühle alle Kräfte gestählt, und mit unverzagtem Muth und klingender Seele schreit' ich vorwärts auf der begonnenen Bahn. Ich möchte so gerne wenigstens Ein großes Werk vollenden, das zur Ehre meines Volkes gereichte.

Meine Stellung ist im Wesentlichen dieselbe geblieben, wie damals, da ich zuletzt Ihrer Großmutter[1] schrieb; nur, daß sich der Kreis meiner Leser noch erweiterte. Von meinem äußeren Leben ist eigentlich wenig zu sagen. Bald im Getümmel der großen Städte, an den Werkstätten der Zeit, in den Sälen der Gesellschaft sog ich mich voll neuer Anschauungen, ward ich durch Bühne und Musik, durch Umgang und Freundesgespräch hundertfach angeregt, bald wieder in weltferner

---

[1] Frau von Heintze war 1845 gestorben.

Einsamkeit zwischen Waldschatten und Quellen verarbeitete ich den gewonnenen Stoff und trank in tiefen Athemzügen das heilige Frühlingsleben der Natur. Das waren meine schönsten Stunden, wo die Bilder der lauten farbigen Welt, ihre Bestrebungen und Kämpfe sich in meiner Seele zu klarer Gestaltung rundeten, während ich draußen nur den Sonnenschein über die Berge wandeln sah und das leise Wehen und Flüstern der grünen Wildniß um mich her vernahm. So verlebte ich im Sommer 1845 köstliche Wochen in einem abgelegenen Thale des Harzgebirges, und im Herbste desselben Jahres eine tiefstille Zeit in Waldhusen (zwischen Lübeck und Travemünde), wo ich mitten im Walde bei dem Förster meine Wohnung aufgeschlagen hatte. Den vorigen Winter brachte ich darauf in Berlin zu, wo ich unter dem allgemeinen Gewühl in dem Hause und der Familie meines Freundes Kugler, den Sie ja auch kennen, einen sicheren Haltpunkt fand. Aber der ausbrechende Frühling ließ mich nicht im Sande der Mark weilen. Ich ging nach Dresden und lebte dort zurückgezogen in den blühenden Gärten der Vorstadt, indem ich mehr die reizenden Elbufer, die Forsten und Felsenthäler in der Nähe, als die geselligen Kreise, als selbst die Schätze der unvergleichlichen Gallerie aufsuchte. Für den hohen Sommer hatte ich mit Kugler eine Fußreise nach Thüringen und Franken verabredet, ja, wir hatten davon gesprochen, Cassel zu berühren, aber leider that sein Arzt

Einspruch und schickte ihn nach Marienbad. So ging denn auch ich dorthin, und in der frischen böhmischen Bergluft, wo so viel Störendes aus dem Stadt- und Geschäftsleben wegfiel, und wir ganz aufeinander angewiesen waren, knüpfte sich das Band der Freundschaft nur fester. Nachdem ich dann wiederum eine Zeitlang in Waldhusen und Lübeck zugebracht und im Kreise der Meinigen bei den alten Freunden ausgeruht hatte, kehrte ich für den Winter nach Berlin zurück, das ich aus mancherlei Rücksichten nicht auf zu lange Zeit meiden darf. — —

Unterdessen ist mein Leben in den zwei letzten Jahren auch nicht ohne alle Frucht geblieben. Der Sigurd und die Schleswig-Holsteinischen Sonette sind, glaube ich, wohl in Ihre Hände gekommen. Außerdem liegt ein zweiter ziemlich starker Band von neuen Gedichten fast druckfertig da und wird wohl zum Herbste in die Welt treten. Im letzten Sommer schrieb ich ein dreiaktiges dramatisches Märchen: Die Lorelen, das vielleicht seiner Zeit mit der Musik eines bedeutenden Componisten[1]) zur Darstellung auf der Bühne gelangen wird. Jetzt beschäftigt mich außer manchem Lyrischen wieder eine große Tragödie, deren Stoff aus der Ge-

---

[1]) Felix Mendelssohn-Bartholdy. Die Composition blieb bekanntlich in Folge des am 4. November 1847 eintretenden Todes Mendelssohn's unvollendet.

schichte der Albigenser entnommen ist; ich hoffe, sie soll besser werden, als der Roderich, der bei einem gewissen Ansatz zur Größe doch an vielen Jugendfehlern leidet, wenn ich sie gleich nicht in so schöner Zeit und unter so lieber Umgebung wie jenen vollenden kann.

Und nun genug für heute! Grüßen Sie Adelheid auf das Beste. Und wenn Sie mögen, so schreiben Sie mir bald wieder, erzählen Sie mir, was Sie erlebt, gelesen, gedacht haben, was Sie nur wollen. Jeder Hauch, der aus Ihrer Stille zu mir herüberweht, ist mir eine Erquickung. Ich will Ihnen dann aus meinem täglichen Leben berichten.

Gott sei mit Ihnen und erhalte Sie so rein und heiter — — —."

Im Mai 1847 trat Geibel mit Franz Kugler eine längere Fußreise nach Süddeutschland und in die Alpen an. Von mehreren Rastorten auf dieser Wanderung schrieb er an Fräulein von der Malsburg.

14.

Salzburg, den 10. Juni 47.

"— — — Es war ungefähr um Neujahr, als ich Ihnen zuletzt von Berlin aus schrieb. Mein dortiges Leben ward seit jener Zeit immer *stiller* und begrenzter. Ich zog mich mehr und mehr aus den bunten Kreisen der weiten Geselligkeit zurück und beschränkte mich zuletzt fast ausschließlich auf den Umgang mit Kugler und seiner Familie. Nur der Verkehr am Hofe der **Prinzeß von Preußen**, die für mich ein eigenthümliches Wohlwollen zu hegen scheint, brachte öfters Abwechselung in jene Einförmigkeit. Zu ihrem Sohne, dem **Prinzen Friedrich Wilhelm**, der einst König von Preußen sein soll, gewann ich allmählich ein fast freundschaftliches Verhältniß[1]). Er ist eine einfache sittliche edle Natur, von klarem Geiste und voll eingeborener Achtung vor geistigen Dingen. In Manchem erinnert er an seinen Großvater; aber die weise Erziehung, die ihm zu Theil wird und deren erster Grundsatz es ist, daß er nicht in fürstlicher Absonderung, sondern menschlich mit Menschen aufwachse, läßt erwarten, daß er einst noch mehr als jener alte würdige Herr ein Schmuck des Thrones sein werde.

Gearbeitet habe ich mancherlei. Außer lyrischen Ergüssen schrieb ich im Januar ein längeres Gedicht, das in der Form eines morgenländischen Mythus[2]) das Wesen der Sehnsucht auszusprechen sucht. Im Februar warf ich in übermüthiger Laune ein zweiaktiges Lustspiel hin: die Seelenwanderung, das späterhin im Palais des Prinzen von Preußen mit glücklichem Erfolge zur Dar-

---

[1]) **Ernst Curtius**, der Jugendfreund Geibel's, war damals Erzieher des Prinzen.
[2]) Gesammelte Werke II, 180 ff.

stellung gelangte¹). Im März und April arbeitete ich einen großen Theil der Loreley (jenes musikalischen Märchens, von dem ich Ihnen schon in meinem vorigen Briefe sagte) nochmals um, theils um manches für die Musik bequemer zurecht zu legen, theils um hier und da die dramatische Wirksamkeit noch zu verstärken. Jetzt endlich glaube ich genug gethan zu haben, indem das Werk mir nun, selbst wenn die Composition ganz wegbliebe, einen selbstständigen poetischen Werth zu haben scheint. An die weitere Ausführung der Albigenser getraute ich mich noch nicht. Ich war körperlich zu unwohl; und solche Arbeit muß aus voller Frische, aus ungetrübter Heiterkeit der Seele hervorgehen, wenn sie gelingen soll. Ach könnt' ich jene sorglos glückliche Stimmung wiederfinden, in der ich damals den Roderich schrieb, wie viel Größeres und Reiferes wollte ich jetzt schaffen! Aber es bangt mir oft, das sei vorüber für immer — doch ich will nicht vor der Zeit verzagen; Hoffnung und Sehnsucht sollen meine Führerinnen bleiben, wie sie bisher es waren. —

---

¹) Das Stück wurde später von Geibel „Meister Andrea" genannt. Die erwähnte Aufführung durch Dilettanten fand am 7. April 1847 statt. Prinz Friedrich Wilhelm, jetzt Kronprinz des deutschen Reiches und von Preußen, spielte dabei die Rolle des Malers Buffalmaco, des Veranlassers des muthwilligen Scherzes, der dem Stücke zu Grunde liegt.

In der zweiten Hälfte des Mai brach ich mit Kugler von Berlin auf; die Eisenbahn führte uns bis Kösen, von dort aus wanderten wir wie Handwerksburschen weiter nach Süden, den Stab in der Hand, den Tornister auf dem Rücken. Unser Marsch ging das grüne sonnige Saalthal entlang über die Rudelsburg bis nach Rudolstadt; dann durch das wildromantische Thal der Schwarza und über den Thüringerwald. Bei Coburg zu Neuseß besuchten wir Rückert, der die Wanderer gastlich an seinem patriarchalischen Heerde aufnahm; wir begrüßten das stattliche Bamberg, das kunstgeschmückte Nürnberg, das alterthümliche Regensburg, und zogen dann die Donau hinab nach Linz, bis sich endlich bei Gmunden die herrliche Alpenwelt in voller Glorie vor uns aufschloß. Von dort schifften wir über den Traunsee, besuchten Ischl und wanderten weiter nach St. Wolfgang, das dem lieblichen See, an dem es liegt, den Namen gibt. Schöneres als diesen kleinen Ort habe ich kaum gesehen. Mit seinem Wallfahrtskirchlein und dem offenen Herrschaftsgarten schwebt er am Felsenhang über dem klaren, lichtgrünen Fluthspiegel, der ringsum von reichen Hangwiesen und prächtiger Buchenwaldung und den hoch und höher dahinter aufsteigenden Bergen malerisch eingefaßt ist. Dazu lag der Abend, den wir dort zubrachten, so klar, so sonnig, so ganz in Gold zerfließend über Höhen und Tiefen, daß es wie ein Hauch stiller Naturandacht durch meine Seele ging. Mir war's, als müßt' ich Jeden glücklich preisen, der hier vor aller Welt verborgen, mit denen, die er liebt, einförmig stille Tage hinlebt; und ich schloß das reizende Bild fest und tief in mein Herz, um noch lange daran zu zehren. — Vielleicht soll es für mich für's erste das einzige in seiner Art bleiben; denn leider stellte sich schon am nächsten Tage das Mißliche einer Alpenreise zu dieser Jahreszeit heraus; der Schnee liegt noch überall auf den Höhen, der Wind fährt eiskalt durch die Thalschluchten, dazwischen brütet an geschützten Stellen eine glühende Hitze. Ohne Mantel und Schirm, wie wir waren, langten wir beide matt und stark erkältet gestern hier in Salzburg an, und haben uns, wie schwer es uns ward, entschließen müssen, den weiteren Weg durchs Hochgebirge, der uns in die Lombardei und bis nach Venedig führen sollte, aufzugeben und uns nordwestwärts zu wenden, um über München, durch Schwaben und den Rhein entlang uns einen Heimweg zu suchen.

Blaubeuren bei Ulm, den 17. Juni.

Heute schreib' ich Ihnen schon aus Würtemberg. Ich sitze in der Schenke des kleinen uralten Landstädtchens; vor den offenen Fenstern liegt der Markt im Sonnenschein, rings alte, seltsam übereinander hockende Giebel, in der Mitte der große rinnende Steinbrunnen, wo die Mädchen mit Eimern und Krügen ab- und zugehen. Die grünen Waldhöhen sehen freundlich in die

Gassen herein, und die Schwalben, die überall ihre Nester an die vorspringenden Dächer geklebt haben, zwitschern in stetem Hin- und Wiederfliegen so lustig, als ob sie ein Fest zu feiern hätten. Wäre nur Eine darunter, die der vorrückende Sommer weiter nach Norden triebe, ich wollt' ihr tausend Grüße mitgeben für das schöne Thal von Pyrmont¹), zu dem ich mich in Gedanken jetzt so gern hinträume. — In Salzburg hatten wir ein paar schlimme Tage. Anhaltender Nebel und Regen, Zahnschmerzen und Katarrh sind schlechte Reisebegleiter und ließen uns von der weitgepriesenen Gegend wenig Freude haben. Und da der trübe dunstige Himmel auch nach drei Tagen keine Miene machte, sich aufzuheitern, nahmen wir kurzweg Schnellpost und fuhren in Einem Zuge bis München, wo wir denn auch blaue Luft und Sonnenschein freudig wieder begrüßen durften. Der einzige Tag, den wir dort zubrachten, verging uns rasch unter der Betrachtung der dort aufgehäuften älteren Kunstschätze sowie der Schöpfungen des modernen Kunsttreibens. Auf der Bildergallerie, wo ich natürlich nur Einzelnes wieder aufsuchte, hatte ich große Freude; namentlich ist mir Rubens in seiner verschwenderischen Fülle und Lebenskraft nie so mächtig entgegengetreten. Die neuen Bauwerke der Stadt sind da vortrefflich, wo sie alte überlieferte Formen reproduciren, so die Aller=

---

¹) Dort befand sich damals die Empfängerin des Briefs.

heiligenkirche und die Aukirche, deren Inneres an Reinheit des Styles und Schönheit der Verhältnisse kaum übertroffen werden mag. — — — Aber wohin gerathe ich? Mein Brief ist so schon fast ein bloßer Reisebericht geworden, und nun komme ich gar mit Kunsttheorien. Ich will also rasch mit der Eisenbahn von München nach Augsburg fliegen und Ihnen nur noch kurz erzählen, daß wir von dort aus wieder zu Fuß nach Ulm und von Ulm hieher wanderten. Der gestrige Marsch aber, über elf Stunden Weges, machte uns so müde, daß wir heute und vielleicht auch noch für morgen in unserem malerischen schwäbischen Nest liegen zu bleiben beschlossen. Und so habe ich denn heute nichts zu thun, als die Sonne scheinen und die Wolken ziehen zu sehen, meine Gedanken in alle Welt reisen zu lassen, oder höchstens, wie diesen Vormittag, einen kurzen Spaziergang nach dem von hohen Rüstern umschatteten engen Felsschlunde zu unternehmen, aus welchem die Blau als ein vollständiger Fluß mit ihrem scharfblauen Wasser urplötzlich ans Tageslicht hervorbricht.

Reutlingen, den 19. Juni.

Ich will meinen Brief heute schließen, damit doch endlich meine Grüße zu Ihnen gelangen. Das Wetter ist wieder schlecht geworden und wir sitzen im Wirthshause gefangen. Da richten sich die Gedanken von selbst auf Beschleunigung der Rückkehr in häuslich behaglichere

Verhältnisse. Wenn ich meinem Freunde nicht treue
Genossenschaft versprochen hätte, so würde ich wahr-
scheinlich auf kürzestem Wege eine Stätte suchen, wo
fürs Erste meines Bleibens wäre, und wo ich nun mit
frischen Kräften gleich an die Arbeit gehen könnte. So
aber kann ich nicht ganz, wie ich möchte, und muß mich
begnügen, hier und da am Reiseplan zu kürzen. Sehr
möglich wäre es, daß uns die Heimfahrt über Cassel
führte; auch Detmold, wo ich meinen Vater bereits
vermuthe, wünsche ich dringend zu berühren.

Daß mein Vater zu Ostern dieses Jahres nach
fast fünfzigjähriger Verwaltung sein Amt in Lübeck
niedergelegt hat, ist Ihnen vielleicht schon auf anderem
Wege bekannt geworden. Nicht sowohl die Abnahme
seiner körperlichen oder geistigen Kräfte als vielmehr
des Vermögens, mit diesen Kräften zur bestimmten
Stunde auf dem Platze zu sein, hatte ihn schon seit
mehreren Jahren bedrückt und geängstigt und ihm mehr
als einmal, besonders zur Winterszeit, schlimme Tage
bereitet, und so ward allmählich jener Entschluß in ihm
reif, den er endlich trotz mancher Gegenvorstellungen
von außen her mit der vollen Überzeugung der inneren
Nothwendigkeit ruhig ausführte. Zugleich beschloß er,
Lübeck zu verlassen und sich in Detmold, wo mein
ältester Bruder wohnt, für die kommenden Jahre anzu-
siedeln. Als ich von Berlin fortging, war jene Über-
siedelung noch nicht ausgeführt; jetzt aber, da die Mitte

des Sommers da ist, die er von jeher am liebsten zur Reise benutzte, darf ich fast mit Gewißheit voraussetzen, daß er Lübeck bereits verlassen habe. Sie würden ihn also jetzt in Ihrer nächsten Nähe haben; wer weiß, ob ein glücklicher Stern Sie nicht zusammengeführt hat, oder doch bald zusammenführt — — —."

Aus der unmittelbar auf die Heimkehr von der Reise folgenden Zeit rührt der folgende Brief an dieselbe Dame her; ein weiterer an sie gerichteter ist im Mai 1848 unter dem gewaltigen Eindruck der politischen Ereignisse geschrieben.

15.
Lübeck, den 19. Sept. 1847.

„Wie oft habe ich in diesen Wochen, wo der Herbst uns täglich ein anderes Gesicht zeigt, an Ihr altes Schloß im Walde denken müssen! Denn jetzt ist eigentlich die schönste Zeit des Waldes, wenigstens für mich, gleichviel ob der Sturm droben in den Zweigen daherbraust und die ersten welken Blätter in Wirbeln über die Steige fegt, oder ob der Himmel blau und sonnig in warmer Klarheit um die leise sich röthenden Wipfel fließt. Wie schön war es dazumal in solchen Tagen in Escheberg, wie unendlich froh und glücklich war mir zu Sinn! Die „Zeitstimmen" waren ziemlich beendigt, die Idee des Roderich war mir aufgegangen und füllte mir den Sinn aus. So hatt' ich den Tag über zu denken, zu sinnen, zu gestalten; und dazwischen lagen die freundlichen Stunden der Geselligkeit, wo die Rede traulich und unbefangen herüber- und hinübersprang, und wo ich in dem kleinen Kreise die liebreichste Theilnahme fand für das, was mich innerlich bewegte. Und dann kamen fröhliche Festabende mit Kerzenglanz und Musik; der Wein blinkte, die Lieder klangen, der Tanz rauschte. An das Alles hat mich der Herbst auch in diesem Jahre erinnert. — —

Mit meiner Gesundheit geht es, Gott sei Dank, besser und ich freue mich wie ein Kind der wachsenden Kräfte, denn es liegen große Arbeiten vor mir. Aber auch auf die schweren Tage, die ich durchleben mußte, blicke ich mit Dank zurück; denn gerade diesmal sind in ihnen manche fruchtbare Samenkörner in meine Seele gefallen. Wir Männer leben so leicht nach außen; Krankheit und trübe Zeit aber nöthigen uns in uns selbst hinabzusteigen, und zu sehen, wie es denn dort eigentlich steht. Sie sind Boten, die an das Innerste anklopfen, und wenn dann der Mensch nur redlich fragt: Was wollt ihr? so findet er bald selbst die Antwort. Denn sie wollen fast immer etwas Bestimmtes und lassen nicht eher ab zu drängen, bis das, was gethan werden soll, geschehen, oder das, was ausgeschieden werden soll, beseitigt ist. Darnach aber wird Alles wieder gut, und der genesende, aus der Trübsal befreite Mensch hat gewöhnlich eine Erfahrung mehr in sich, dafern er ein ganzer Mensch ist.

Morgen oder übermorgen geht nun endlich das jetzt vollendete Manuscript meiner „Juniuslieder" ab. Ich habe diesen Titel für die zweite Sammlung meiner Gedichte gewählt, weil sie meistens in der ersten hohen Sommerzeit meines Lebens entstanden sind, und eine dem entsprechende Stimmung in ihnen vorwaltet. Die Zeit des Mai's, der Blüthen, der Träume, der ersten süßen Neigung ist vorüber. Nur dann und wann macht sie sich noch geltend, aber als ein Vergangenes, das im Glanze der Erinnerung steht. Auch die Leidenschaft bricht noch hervor, wie ein Gewitter, aber sie zieht vorüber und beruhigt sich in ernster Betrachtung. Auf die Empfindung folgt der Gedanke, auf die flackernde Gluth die milde dauernde Wärme, auf den Kampf der erste Schritt zur Versöhnung. Der erste Band gab mich meistentheils im Verhältniß zu Einzelnen; der zweite schließt das nicht aus, aber er bringt zugleich ein Stück meiner Weltanschauung. Zu Weihnacht kann er in Ihren Händen sein; Sie mögen dann sehen, wie weit Sie sich mit dem Inhalte befreunden können, wie weit die darin ausgesprochenen Anschauungen den Ihrigen verwandt sind. Hoffentlich stehen sie Ihnen nicht allzufern.

Von meinem äußeren Leben weiß ich wenig zu sagen; es fließt meist in einförmiger Ruhe dahin. Der

Vormittag gehört ausschließlich der Arbeit, zu Tische hab' ich mir einen Platz bei meiner jüngsten Schwester eingerichtet; Nachmittags mache ich einen Gang nach Krempelsdorf oder in den Wald. Dann wird wieder gearbeitet, und die späteren Abendstunden etwa von neun Uhr an bringe ich bei diesem oder jenem Bekannten hin. Dies ist eigentlich die einzige Zeit, wo ich der Geselligkeit bedarf; und da möchte ich denn hier freilich oft manches lebendiger und anregender wünschen. Über die gewöhnlichen Tagesgespräche geht es selten hinaus, und, wenn dies geschieht, so ist die ganze Basis, auf der wir stehen, eine so verschiedene, daß wenig Erquickliches dabei herauskommt. — —"

16.
Lübeck, den 11ten Mai 48.

"Endlich ist es mir wieder möglich, Ihnen mit Ruhe zu schreiben. Ihr letzter Brief traf hier gerade zugleich mit der Nachricht von den Berliner Märzereignissen ein, und Sie mögen selbst denken, welche Zeit fieberhafter Aufregungen ich seitdem durchlebte. Ich habe Tage, ja Wochen gehabt, wo meine Seele, als wäre sie des Leibes ledig, nur in den ungeheuren Begebenheiten der neuesten Weltgeschichte fluthete, alle die leidenschaftlichen Kämpfe der Zeit freudig und schmerzlich mitkämpfend. Den jähen Wechsel tiefen Schmerzes, jauchzender Hoffnung, bängster Befürchtung, die wie Well' auf Welle um die Wette hintereinander aufstiegen, hab' ich redlich durchgerungen, bis zuletzt mein Körper das erhitzte Arbeiten des schlaflosen Gedankens, die rastlose Steigerung der widerstreitendsten Empfindungen nicht mehr ertragen konnte, und für kurze Zeit ein Zustand dumpfer Ermattung eintrat. Aber auch das ist — Gott sei Dank — vorüber; der Frühling, der jetzt schöner als je durch Berg und Thal zieht und überall das grüne Banner der Hoffnung siegreich aufpflanzt, hat auch an mir seine verjüngende Kraft bewährt; von dem göttlichen Frieden der Natur ist ein Hauch in meine Brust gekommen, und mit muthiger Fassung vermag ich dem Gange der Dinge zuzusehen, der mich vorher stürmisch mit sich fortriß.

Ich habe mir die innere Freiheit wieder erkämpft, die mit Verläugnung aller persönlichen Sympathien, aber auch ungeirrt von dem täglich umsetzenden Winde der öffentlichen Meinung, die Wahrheit sehen will, die Wahrheit um jeden Preis, auch wo sie schmerzlich ist. Erwarten Sie darum nicht, daß ich irgend einer der jetzt bestehenden Partheien unbedingt Recht geben soll. Es ist auf allen Seiten gesündigt worden und an die Stelle der gestürzten Lüge ist eine neue eben so große getreten. Das ist das Tragische in allen großen Welterschütterungen, daß in ihnen nicht Schwarz gegen Weiß kämpft, sondern daß zwei Rechte, ein altes und ein neues, mit einander in Conflict gerathen, und sich dann gegenseitig ins Unrecht drängen. Auch ist die Hand selten ganz rein, welche den Baum pflanzt, von dem einst spätere Geschlechter Früchte des Segens brechen sollen. In der Hitze der Leidenschaft, in der Hast und Glut des Kampfes geschieht viel Dunkles, aber Gottes Hand weiß auch die dunkelsten Thaten so zu lenken, daß sie zuletzt doch zum Heile führen müssen. Wie oft habe ich in diesen Tagen an Josephs Worte denken müssen: Ihr gedachtet, es böse zu machen, aber Gott gedachte es gut zu machen. Das ist meine Hoffnung. —

Fragen Sie mich nun aber speciell um mein politisches Glaubensbekenntniß, so ist es folgendes. Ich halte keine Staatsform an und für sich für gut oder schlimm. Absolutismus, constitutionelle Monarchie, Republik, jede von diesen Gestaltungen des politischen Lebens kann nach den Umständen die berechtigte sein. Glücklich aber wird ein Volk nur unter der Staatsform leben, die seiner politischen, seiner sittlichen und religiösen Bildung entspricht. Daß Deutschland das absolut patriarchalische System nicht mehr ertragen kann und will, hat es bewiesen; daß es die Republik noch nicht ertragen könnte, beweist es täglich; es bleibt also nichts übrig, als die entschieden constitutionelle Monarchie. Möchten das alle tüchtigen Männer im Vaterlande erkennen, und von allen Sonderinteressen, von aller früheren Spaltung absehend sich unter diesem Banner die Hand reichen. Was hinten liegt, was hier

wie dort gefehlt wurde, möge vergeffen fein — vom
Volke, wie von den Fürften. Es gibt nur Eine Sühne
für das Geschehene, und die ift, auf den neuen Grundlagen deutfcher Freiheit und Volksthümlichkeit mit jungen
Kräften einen glorreichen Bau zu begründen.

Aber nun genug von der Politik! Ich fühle zu
deutlich, daß ich eine weitläuftige Abhandlung schreiben
müßte, um Ihnen ganz klar darzulegen, was ich denke;
doppelt weitläuftig, da mehrere Äußerungen in Ihrem
letzten Briefe mich vermuthen laffen, es fei noch über
die Grundanfchauung diefer Dinge eine Verftändigung
zwischen uns nöthig. Mehr als je habe ich deshalb in
diefen Tagen den Wunsch gehegt, mich perfönlich gegen
Sie auszusprechen. Ich bin feft überzeugt, wir würden
durch eine Stunde mündlich lebendiger Rede weiter kommen, als durch eine Reihe von Briefen. Mir ift es
nicht gegeben, über Dinge der Art zu fchreiben; wie ich
denn überhaupt wohl etwas schreiben kann, aber nicht
über etwas. Das betrachtende Wort gefriert mir in
der Feder, und was mir lebendig, frisch und milde in
der Seele ftand, fieht Schwarz auf Weiß hart und
herbe aus. — —

Von meinen Arbeiten kann ich Ihnen diesmal
wenig erzählen. Beim Beginn des Jahres war ich
prächtig in den Zug gekommen und schaffte mit Glück
und innerer Befriedigung rüftig fort, fo daß gegen das
Ende des Februars ein gut Stück von den Albigenfern

fertig war, und ich das Ganze noch im Laufe des Sommers abzuschließen hoffen durfte. Aber die Nachricht von der französischen Revolution, die wachsende Unruhe in Deutschland, der Umsturz aller Verhältnisse in Wien und dann in Berlin schreckten mich jäh aus meiner heitern Muße empor, und ließen mir kaum einen andern Gedanken übrig als den an die Gefahr und die Hoffnung des Vaterlandes. Und noch bis heute habe ich weder die geistige Ruhe noch das körperliche Wohlbefinden wieder gewinnen können, die zum eigentlichen Produciren vor allen Dingen nöthig sind. Sie werden es begreifen, daß ein Maler nicht mit sicherer Hand seine Pinselstriche zu führen vermag, wenn er auf dem Verdeck eines Schiffes steht, das vom Sturmwind auf dem schwankenden Ungestüm der Wellen dahingerissen wird. Ich halte mich mit geschichtlichen Studien hin; nicht einmal ein Lied hat die junge Zeit mir aus der Seele gelockt; es ist noch nichts Festes, Haltbares da, und ich kann mich weder für eine deutsche Einheit begeistern, die man auf den Hut steckt, statt sie im Herzen zu tragen, noch für eine Freiheit, die die Wahrheit nicht zu ertragen vermag. — — — In wenigen Tagen ist die Eröffnung des Frankfurter Parlaments, von West und Ost drängt die Gefahr täglich näher heran. Die Weltgeschichte fliegt auf Flügeln der Morgenröthe und die Geschicke der Völker entscheiden sich mit furchtbarer Hast. Gott schütze unser deutsches Vaterland — — —."

Im November 1851 verlobte sich der Dichter mit A m a n d a T r u m m e r aus Lübeck, der „Ada" seiner Lieder. Die Verlobung wurde im December veröffentlicht. Damals sagte er von seiner Braut in einem Briefe an die Schwester seines Vaters, seine Tante Elisabeth Schlicht in Hanau: „Ich empfinde es ganz, welch ein Schatz von Liebe und Treue meinen Händen anvertraut ist und bitte Gott, daß er mir Kraft verleihen möge, dieses Schatzes nun auch so zu hüten und zu pflegen, wie er es verdient." Bald darauf schrieb er an Karl von der Malsburg:

17.
Lübeck, den 18. Januar 1852.

„Schon längst, mein hochverehrter Herr Kammerherr, würde ich Ihr freundliches Schreiben beantwortet haben, wenn mich nicht ein heftiges Erkältungsfieber eine Zeit lang an das Bett gefesselt hätte. Nun aber geht es besser, und so will ich nicht säumen, Ihnen ein Lebenszeichen zu senden. Haben Sie tausend Dank für Ihren herzlichen Glückwunsch, den ich Ihnen von ganzer Seele in Bezug auf Ihre liebenswürdige Tochter und deren Verlobten zurückgebe[1]). Ich kann Ihnen nicht

---

[1]) Freiin Henriette von der Malsburg hatte sich mit dem

sagen, wie sehr ich mich über diese glückliche und an-
gemessene Verbindung gefreut habe, die, wie ich aus der
beigelegten gedruckten Anzeige ersehe, gerade an demselben Tage gefeiert wurde, da auch ich mich verlobte.
Möge der Himmel das junge Paar mit seinem besten
Segen auf dem neuen Lebenspfade begleiten, und ihnen
das Glück und den Frieden zu Theil werden lassen, die
ich ihnen mit aufrichtigem Herzen wünsche.

Daß es mir — wenn ich von dem leider fortwährend schwankenden Zustande meiner Gesundheit ab-
sehe — gegenwärtig wohl geht, bedarf wohl kaum einer
ausdrücklichen Versicherung. Meine Braut ist ein junges
schüchternes Kind von kaum achtzehn Jahren, weder
vermögend noch auffallend schön, aber ein Schatz von
Liebe und Treue, innig und anmuthig, und mit jener
feinen Empfänglichkeit für das Schöne begabt, die mir
wenn auch nicht das erste, doch ein nothwendiges Erfor-
derniß für meine zukünftige Lebensgefährtin schien. Im
nächsten Frühjahr denke ich, wie in den vorigen Jahren,
wieder nach Carlsbad zu gehen; gleich nach der Rückkehr soll — so Gott will — unsere Hochzeit sein. Wenn
keine besondere Veranlassung mich nach außen ziehen
sollte, werde ich wohl mein altes Lübeck zum stetigen
Wohnort erwählen, wobei dann freilich nach wie vor

Grafen Ludwig von Holnstein aus Bayern verlobt,
mit dem sie sich im Juni 1852 vermählte.

hin und wieder ein Ausflug mich dem Herzen Deutsch-
lands näher bringen und mit ihm in Verbindung halten
müßte. Vielleicht werde ich schon im bevorstehenden
Herbst meine junge Frau nach Detmold zu meinem
Vater und von dort an den Rhein führen, und es
würde mir natürlich die größeste Freude sein, wenn wir
Sie alsdann auf ein paar Tage in Ihrem schönen
Escheberg begrüßen dürften. Glauben Sie mir, ich habe
Ihrer alten Gastfreundschaft und des köstlichen Jahres,
das ich auf Ihrem Schlosse und in Ihren herrlichen
Wäldern verleben durfte, nicht vergessen; diese Zeit, da
ich unter Ihren Auspicien mir als angehender Poet die
Rittersporen erwarb, gehört vielmehr zu den schönsten
und theuersten Erinnerungen meines Lebens, und noch
heute kann ich jener Tage nicht anders als mit tiefer
Bewegung gedenken — — —."

Dieser Brief ist kurz vor der Berufung des Dichters nach München geschrieben. Geibel hat Escheberg
nicht wieder gesehen, wohl aber den Freiherrn und
die meisten Mitglieder seiner Familie. In den Jahren
1854 und 1855 verkehrte Karl von der Malsburg
während seiner Anwesenheit in München, wo seine
älteste Tochter verheirathet war, viel mit dem Dichter.
Niemand freute sich mehr als er über den glänzenden Flug, den sein ehemaliger Schützling genommen

hatte. Am 18. November 1855 starb der Freiherr auf einer Reise in Venedig an der Cholera. Seine Leiche ward nach Deutschland gebracht und im Malsburgischen Erbbegräbnisse in der Kirche zu Breuna bei Escheberg beigesetzt. Die Trauerkunde vom Hinscheiden des Freundes traf Emanuel Geibel im tiefsten Schmerze um eigenes Leid. Denn am 21. November war ihm seine geliebte Ada nach nur vierjähriger glücklicher Ehe durch den Tod entrissen worden.

Daß und wie er diesen harten Schlag ertrug, wissen seine Freunde, weiß das deutsche Volk. Der Liebe zu seinem Volke war der Lebensabend des Dichters geweiht, den treue Fürsorge seiner einzigen Tochter Marie und seiner Nichte Bertha Geibel um den Vater und Oheim verschönten. Der Bedeutung, welche die Escheberger Tage für die Entfaltung seines Talentes besaßen, vergaß sein edles Herz nimmermehr. Als er 1864 die Elegie „Ein Brief" dichtete, die unter den „Spätherbstblättern" erschien, lieh er der Erinnerung an jene Jugendzeit Worte, so schön, wie sie nur seinen reinen Lippen entströmen konnten. Dort sagt er:

„Weit hinaus, wohin die Fahrt
Des Lebens einst den nimmermüden Pilger trug,
Schweift, wachen Traums, in fessellosem Flug der Sinn
Und sucht die Stätten seiner alten Freuden auf.
Aus Sonnennebeln hell mit ihren Tempeln steigt
Die Burg Athens; das alte Schloß im Habichtswald,
Das forstumrauschte, wo der Dichter still gereist,
Taucht grüßend auf, am Lurleyfelsen braust der Rhein,
Ein Echo weckend ungestümer Jugendlust

— — — — — — —

— — — Wo sind sie hin
Die goldnen Tage? Wo die Treuen, die mit mir
Den Segen ihres Strahls getheilt? Ach fröstelnd rinnt
Durch meine Brust der Schauer der Vergänglichkeit
Und tiefe Wehmuth fällt mich an —"

Man weiß, welche Vorgänge den Dichter nöthigten, zu Ende 1868, vier Jahre nach dem Tode seines königlichen Gönners Max II., München zu verlassen. Er kehrte zurück nach Lübeck, das seinen Sohn mit der größten Freude aufnahm. Ein von König Wilhelm verliehener Ehrensold sicherte den Lebensabend des nicht mit irdischen Gütern Gesegneten vor Sorgen. Aus der Vaterstadt schrieb Geibel bald nach seiner Ankunft an Gräfin Holnstein, die älteste Tochter Karl's von der Malsburg.

18.

Lübeck, b. 11. Nov. 68.

„Ihre herzlichen Zeilen vom 29. v. M. kamen erst hier in Lübeck in meine Hände, also leider zu spät, als daß es mir möglich gewesen wäre, Ihren Wunsch zu erfüllen. Da Sie ihn niederschrieben, war ich bereits mitten im Aufbruche begriffen, dessen Beschleunigung Sie mir unter den obwaltenden Umständen kaum verdenken werden. Ich möchte fast an geistige Wirkungen in der Ferne glauben. Als ich am dritten Tage meiner Heimreise Mittags über Cassel kam und nun an den sonnigen Waldgipfeln von Wilhelmshöh vorüberfuhr, als bann die eigenthümlichen Bergformen, die über der Straße nach Zierenberg aufsteigen, deutlich umrissen aus dem blauen Herbstdufte hervortraten, überfiel es mich wie ein plötzliches Heimweh und die Bilder der „alten schönen Zeit" erwachten in mir in ihrem ganzen unsagbaren Zauber. Hätte ich gewußt, daß Sie damals in Escheberg waren, ich hätte einen Rasttag in Cassel gemacht und mir die Freude nicht versagt, Sie aufzusuchen und noch einmal die erinnerungsreichen Stätten meines glücklichsten Jugendjahres zu betreten, die ich seit fünfundzwanzig Jahren nicht gesehen, die aber noch frisch und lebendig vor meiner Seele stehen, als hätte ich sie erst gestern verlassen.

Die weitere Entwicklung meiner Geschicke und den

raschen und über alles Erwarten befriedigenden Ausgang, den das hochherzige Eingreifen des Königs von Preußen herbeigeführt, werden Sie bereits durch die Zeitungen vernommen haben. Ich freue mich jetzt, der geliebten norddeutschen Heimath ganz und für immer wieder anzugehören und fühle mich in dem endlich wieder errungenen Einklange meiner Verhältnisse und Gesinnungen so überaus glücklich, daß ich in meiner Seele für Groll und Bitterkeit keinen Raum habe und nur in reiner dankbarer Stimmung an die Stadt zurückdenke, in der ich einst so viel Liebes und Ehrendes erfahren und nun zwei theure Gräber zurückgelassen habe: meiner geliebten Frau und unsres unvergeßlichen Königs Max.

Ob und wann wir beide uns auf Erden noch wiedersehen werden, muß ich Gott überlassen. Nach menschlicher Berechnung ist bei meiner schwer erschütterten Gesundheit, die mir jedes unnöthige Reisen verbietet, wenig Aussicht dazu, wenn Sie nicht einmal nach dem Norden kommen. Davon aber dürfen Sie überzeugt sein, daß ich unter allen Umständen die alte Freundschaft treu im Herzen bewahren und auch aus der Ferne Ihren Schicksalen in Freud und Leid mit unwandelbarer Theilnahme folgen werde. Gewähren Sie mir das Gleiche, das ist der letzte Wunsch, den ich beim Scheiden gegen Sie auszusprechen habe.

Und nun Gottes Segen mit Ihnen! Empfehlen

Sie mich Ihrem Gemahl, und wenn Ihren Kindern vielleicht künftig einmal meine Lieder in die Hände kommen, so sagen Sie ihnen, daß Sie den Dichter einst gekannt haben — — —."

~~~~~~~~

Im Jahre 1878 sandte Fräulein Adelheid von Baumbach, die, wie früher erwähnt, im Malsburgischen Familienkreise erzogen worden war, dem greisen Dichter auf seinen Wunsch eine Photographie des ihr gehörigen, von Fräulein van der Embde in Kassel gemalten Oelbildes, das ihre Freundin Henriette von der Malsburg in jungen Jahren vorstellte. Als Gegengabe erhielt sie von Geibel mit einem liebenswürdigen Briefe die jüngste Sammlung seiner Gedichte, von der er meinte: „Sie wird wohl auch die letzte bleiben, da mein Zustand sich leider fortwährend verschlimmert und das schadhafte Instrument keinen reinen Ton mehr gibt." Von dem Bilde sagte er in jenem Briefe: „Ich fühlte mich wie durch Zauberschlag in die köstliche Escheberger Zeit zurückversetzt und es kam wie ein warmer Strahl von Jugendglück über mich. Ach, das Alter hofft ja auf keine irdische Zukunft mehr seine Gegenwart wird von Tag zu Tag einsamer und fast alle seine besten Schätze liegen in der Erinnerung."

Emanuel Geibel hat Gräfin Henriette Holnstein wiedergesehen. Wohl darf man es eine eigenthümliche Fügung nennen, daß er im October 1879 die schöne Elegie, welche so viele seiner Escheberger Erinnerungen zusammenfaßt, eben vollendet hatte, als ihn die Gräfin in Lübeck besuchte. Es war ein des edlen Dichters würdiger Empfang, daß er ihr das Gedicht vorlas, welches Beiden längst vergangene Stunden so wundervoll vor die Seele führte.

Mit ungeschwächter Anhänglichkeit blieb Emanuel stets dem Malsburgischen Hause zugethan. „Als ich Geibel vor drei Jahren zum letzten Male in Lübeck sah," schrieb mir kurz nach dem Tode des Dichters Herr Kammerherr Hans von der Malsburg, „war er über seine Jahre hinaus gealtert, aber wie frisch war er doch noch in Allem, wie nahm er an Allem, was das Gespräch berührte, Theil, wie jung war er wieder, wenn die Rede auf frühere Zeiten kam! Die Erinnerung an dieses letzte Zusammensein möchte ich nicht für Vieles hingeben."

Und Fräulein Bertha Geibel, des nun Heimgegangenen unermüdliche Pflegerin in den Tagen seines Greisenalters, konnte noch unlängst in einem Briefe an jenen Sohn Karl's von der Malsburg sagen: "Mein Onkel hing mit unwandelbarer Liebe und Treue an der schönen Zeit, die er im Hessenlande, in Ihrem Escheberg verleben durfte."

Gewiß hatte Geibel ein Recht, auf jenes in den hessischen Bergen zugebrachte Jahr mit dem Gefühle freudigen Stolzes zurückzublicken. Ist es wahr, daß es dem Dichter vergönnt ist, in die Zukunft zu schauen, so zeigte sich diese Sehergabe damals bei Geibel auf das Glänzendste. In Escheberg dichtete er, angeregt durch die Stelle im vierten Gesange von Byron's "Childe Harold":

"Italia! oh Italia! thou, who hast
The fatal gift of beauty — —"

das den "Zeitstimmen" eingereihte Lied "Italien", worin er die baldige Befreiung und Einigung des zerspaltenen und geknechteten Landes voraussagt. Er vergleicht das tiefe Weh Italiens mit dem herben Kummer der Penelope der Odyssee um ihren fernen

Gatten. Jedoch er schließt mit der tröstenden Zuversicht:

„Kennst du jenes Lied, Italia? Hör's und harre muthig aus,
Wie sich auch die Freierschwärme drängten in dein abliğ Haus;
Deine Söhne zieh' zu Männern unter Thränen früh und spat,
Wein' und hoff'! Es kommt die Stunde, wo auch dein Odyffeus naht."

Und als Emanuel Geibel das Glück beschieden ward, voran in der Schar der Sänger zu stehen, die unser junges deutsches Reich und seinen Kaiser begrüßten, da mochte er wohl der Stunde gedenken, in der ihm unter den Baumkronen Eschebergs sein Genius das prophetische Gedicht „Gesicht im Walde" eingegeben hatte. Lange ward sein Inhalt als phantastischer Traum belächelt. Aber heute weiß selbst jeder deutsche Knabe, daß die Stimme des Geistes den „Kaiserherold" nicht betrog, wenn er einen der Riesen, die das Königsschwert schmieden, verkünden ließ:

„Es rührt im Birnbaum auf dem Walserfeld
Sich schon der Saft und seinem Volk zum Heile
Erscheinen wird der langersehnte Held."